ANNE HUBERT

ANDERS ALS DIE ANDERN

Haupt

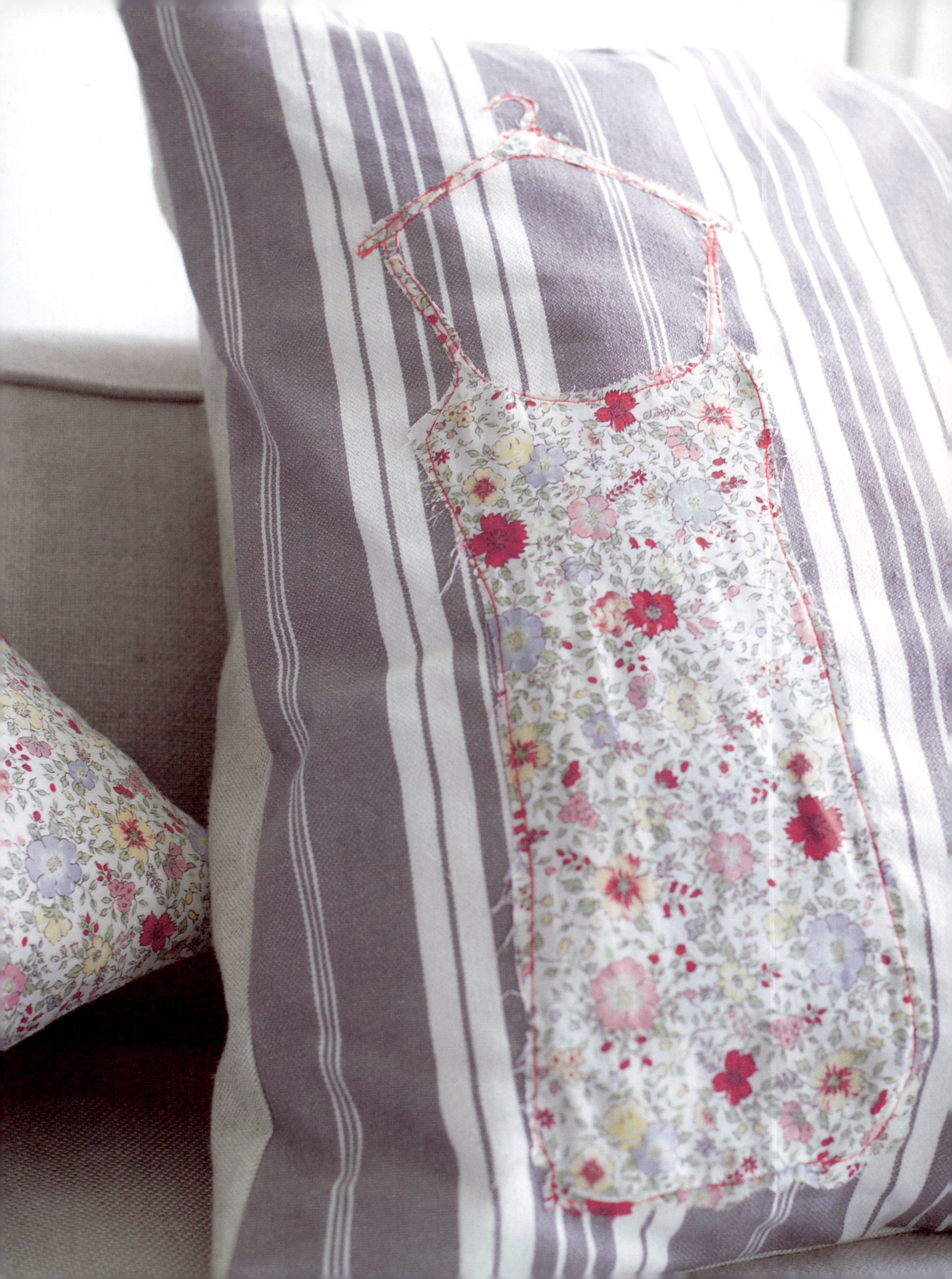

ANNE HUBERT

ANDERS ALS DIE ANDERN

TEXTILIEN UMGESTALTEN

Konzept: Pauline Ricard-André
Fotografien von Coco Amardeil

Haupt Verlag
Bern • Stuttgart • Wien

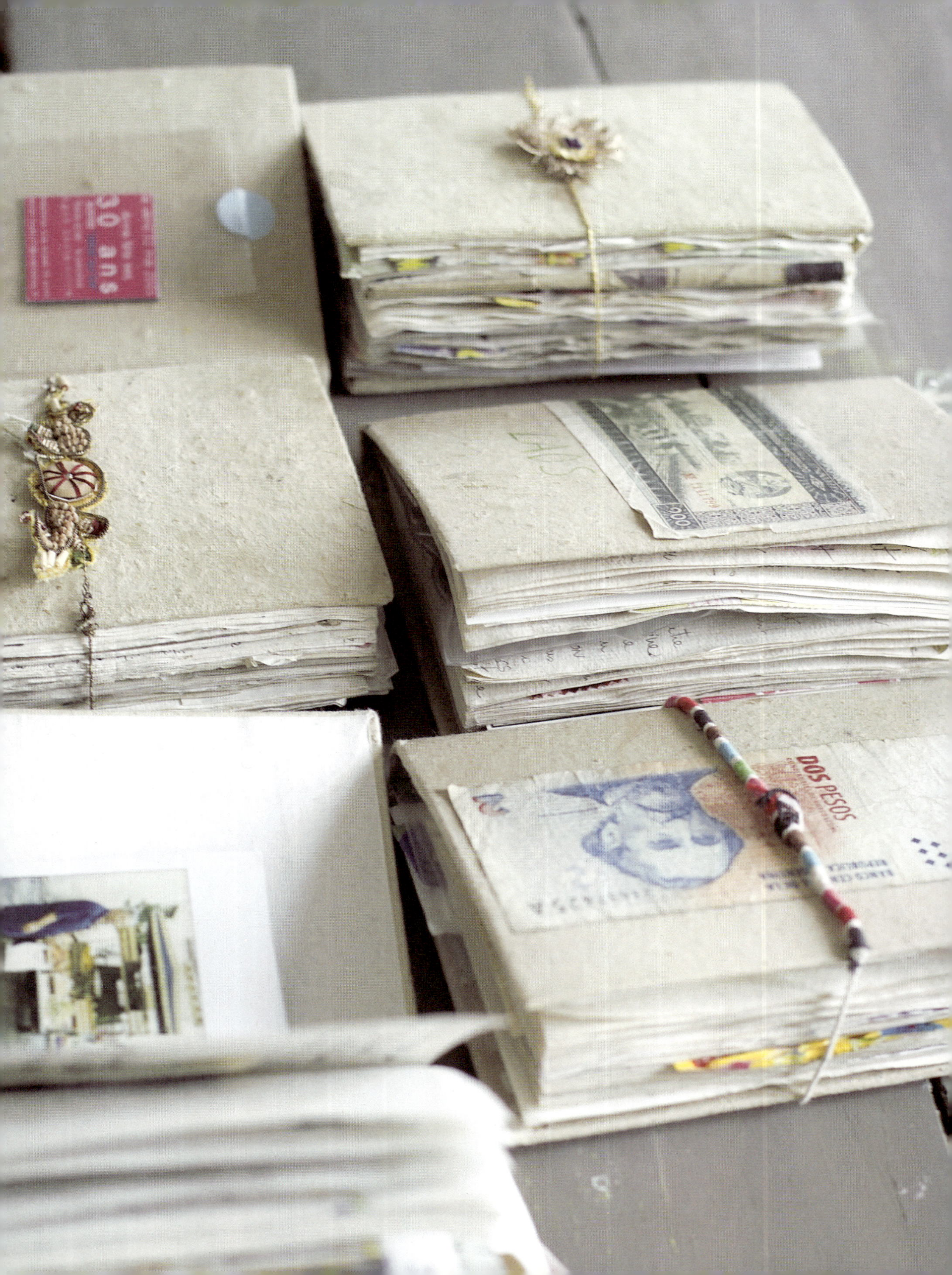
30 ans
DOS PESOS

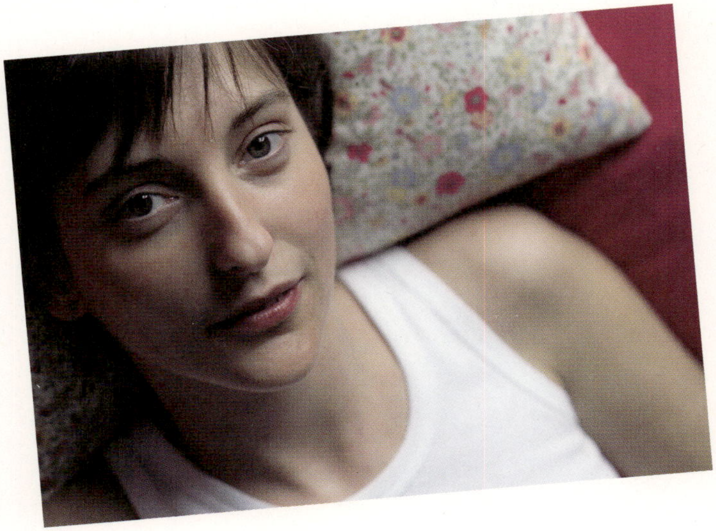

PORTRÄT

ANNE HUBERT ABSOLVIERTE EINE AUSBILDUNG IM BEREICH TEXTILIEN UND DEKORATION UND GESTALTET GERNE NEUES AUF GRUNDLAGE DES BEREITS VORHANDENEN. DIES IST AUCH DAS PRINZIP IHRER HAUSHALTSWÄSCHEKOLLEKTION »LA CERISE SUR LE GÂTEAU«, BEI DER IHRE FARBENFROHEN UND EINFALLSREICHEN MOTIVE EINFACHE WÄSCHESTÜCKE WIE ZUM BEISPIEL GROSSMUTTERS TRADITIONELLE GESCHIRRTÜCHER ZIEREN. ANNE HUBERT DURCHBRICHT GERNE DIE GRENZEN ZWISCHEN MODE UND DEKORATION UND MISCHT STILSICHER DIE BESTEN EIGENSCHAFTEN BEIDER BEREICHE. SIE DRUCKT SCHUHE AUF SOFAKISSEN, NÄHT POETISCHE WEGE ENTLANG VON VORHÄNGEN UND LÄSST TASCHENTÜCHER AUS TASCHEN HERVORQUELLEN, SODASS SIE ZU MODISCHEN ACCESSOIRES WERDEN... IN IHREN HÄNDEN WIRD JEDES OBJEKT ZU ETWAS GANZ PERSÖNLICHEM, EINZIGARTIGEM, DAS EINE GESCHICHTE ERZÄHLT...

BEI ANNE...

AN DEN WÄNDEN HÄNGEN POLAROIDS UND SCHWARZ-WEISS-FOTOS. REISETAGEBÜCHER SIND GEFÜLLT MIT ERINNERUNGSSTÜCKEN. MAN FINDET EINEN ROSAFARBENEN EIFFELTURM, ALTE FOTOS, VON DENEN SIE SICH NICHT TRENNEN KANN, FARBTÖPFE, BÜCHER AUS DER GANZEN WELT, OPTISCHE TÄUSCHUNGEN... DIES IST ANNES GEHEIME WELT.

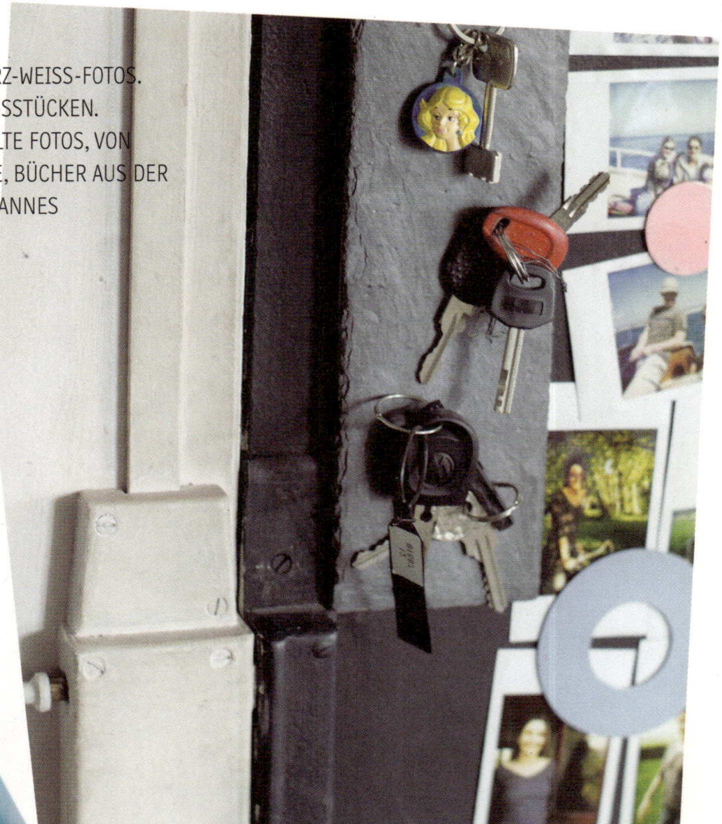

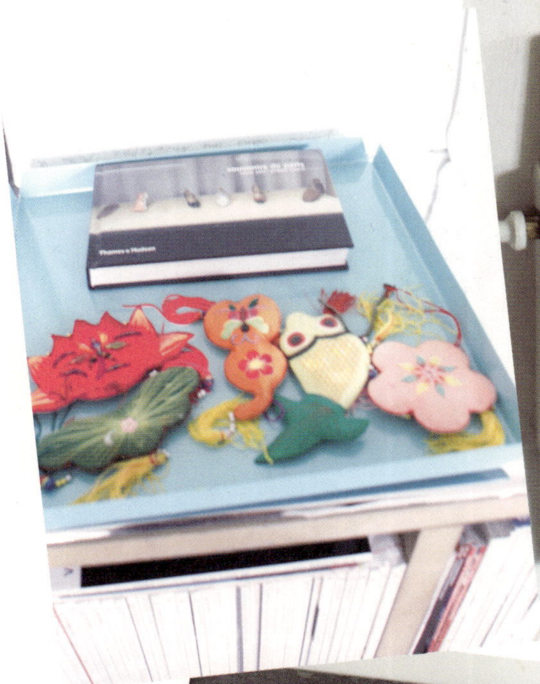

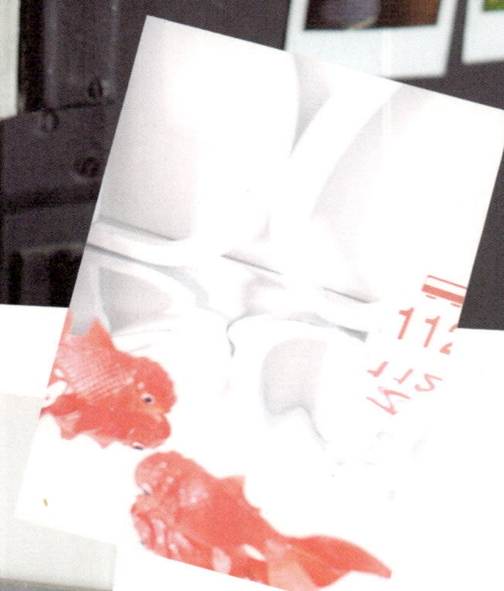

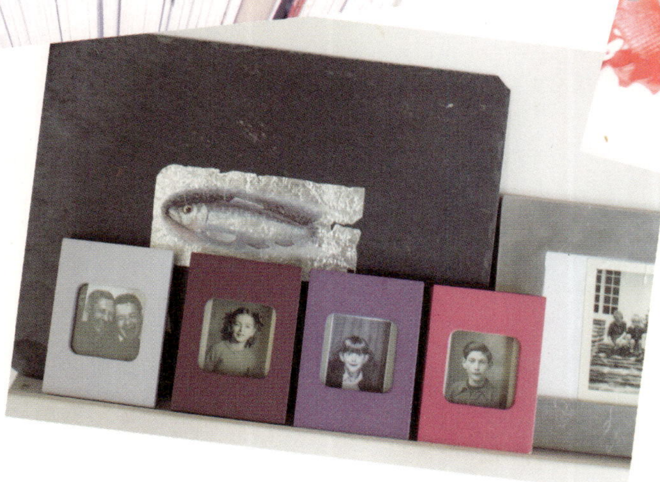

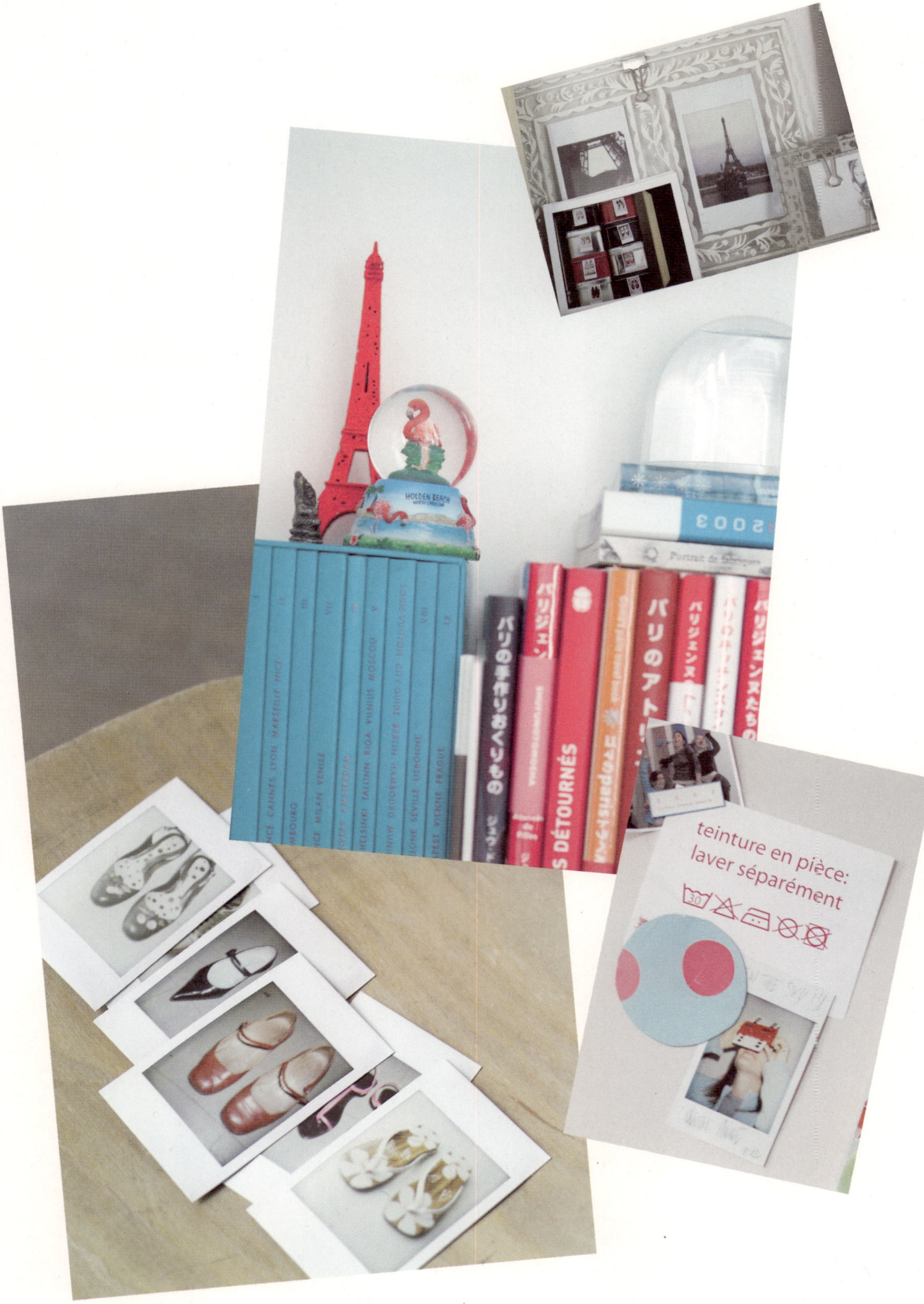
HOLDEN BEACH
teinture en pièce:
laver séparément

DAVON GEH' ICH AUS

WIR HABEN NICHT IMMER GENÜGEND ZEIT UND GEDULD, UM GROSSE PROJEKTE ANZUGEHEN, GANZ DAVON ABGESEHEN, DASS WIR ES NICHT IMMER SO GUT KÖNNEN WIE DIE PROFIS... TROTZDEM MÖCHTEN WIR, DASS UNSERE UMHÄNGETASCHE, UNSER BETT-BEZUG ODER UNSERE T-SHIRTS ANDERS AUSSEHEN ALS DIE DER ANDEREN. IN ZEITEN DER UNIFORMITÄT MÖCHTEN WIR GERNE EINEN PERSÖNLICHEREN STIL AN DEN TAG LEGEN. HIER FINDEN SIE GANZ EINFACHE IDEEN, DIE LEICHT UND SCHNELL NACHZUARBEITEN SIND UND MIT DENEN SIE SOWOHL IHRE GARDEROBE ALS AUCH IHR ZUHAUSE GESTALTEN KÖNNEN... SIE WERDEN SEHEN, SIE KÖNNEN WUNDERBARE EFFEKTE ERZIELEN, OHNE DAFÜR VIEL GELD AUSZUGEBEN.

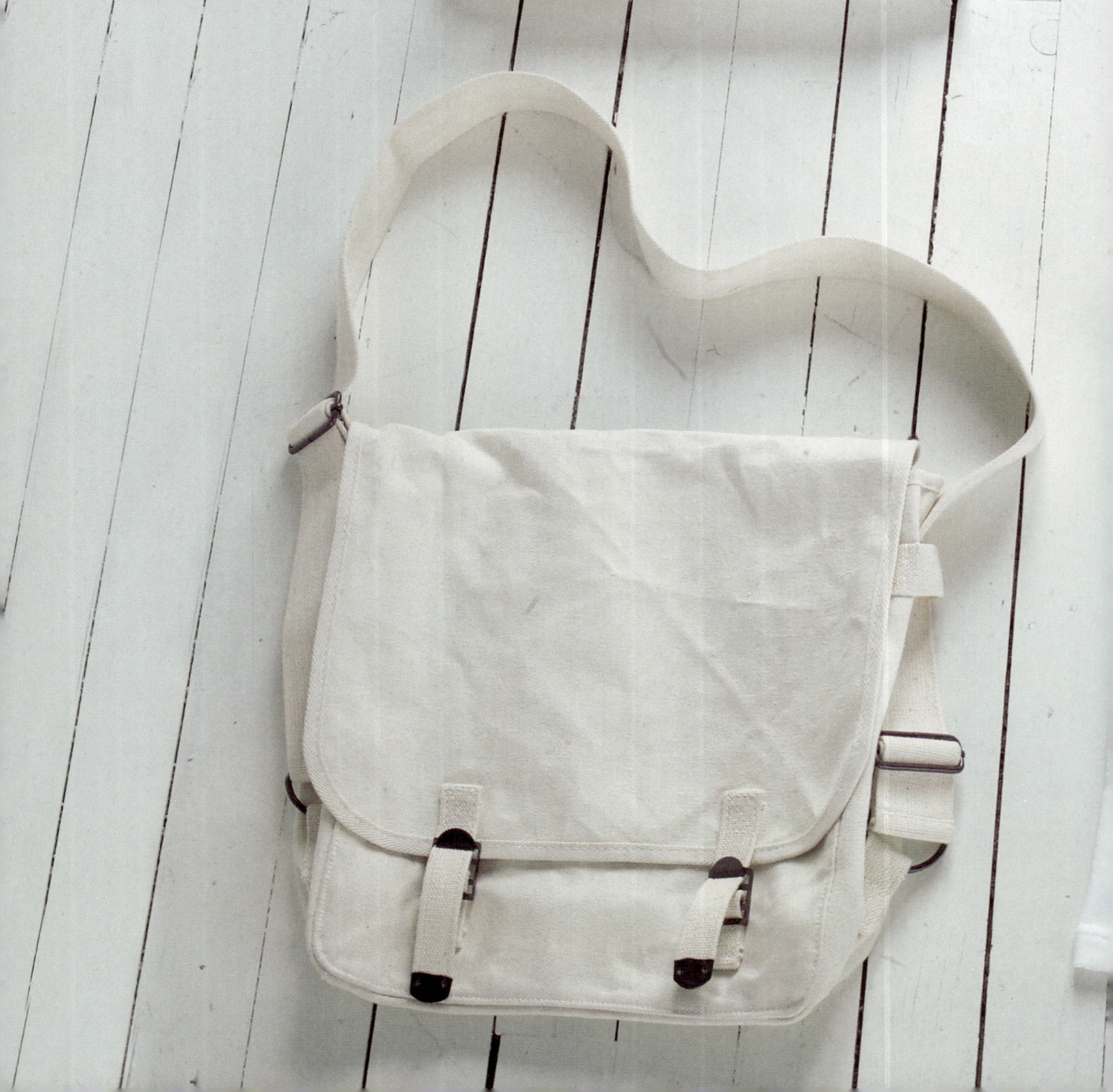

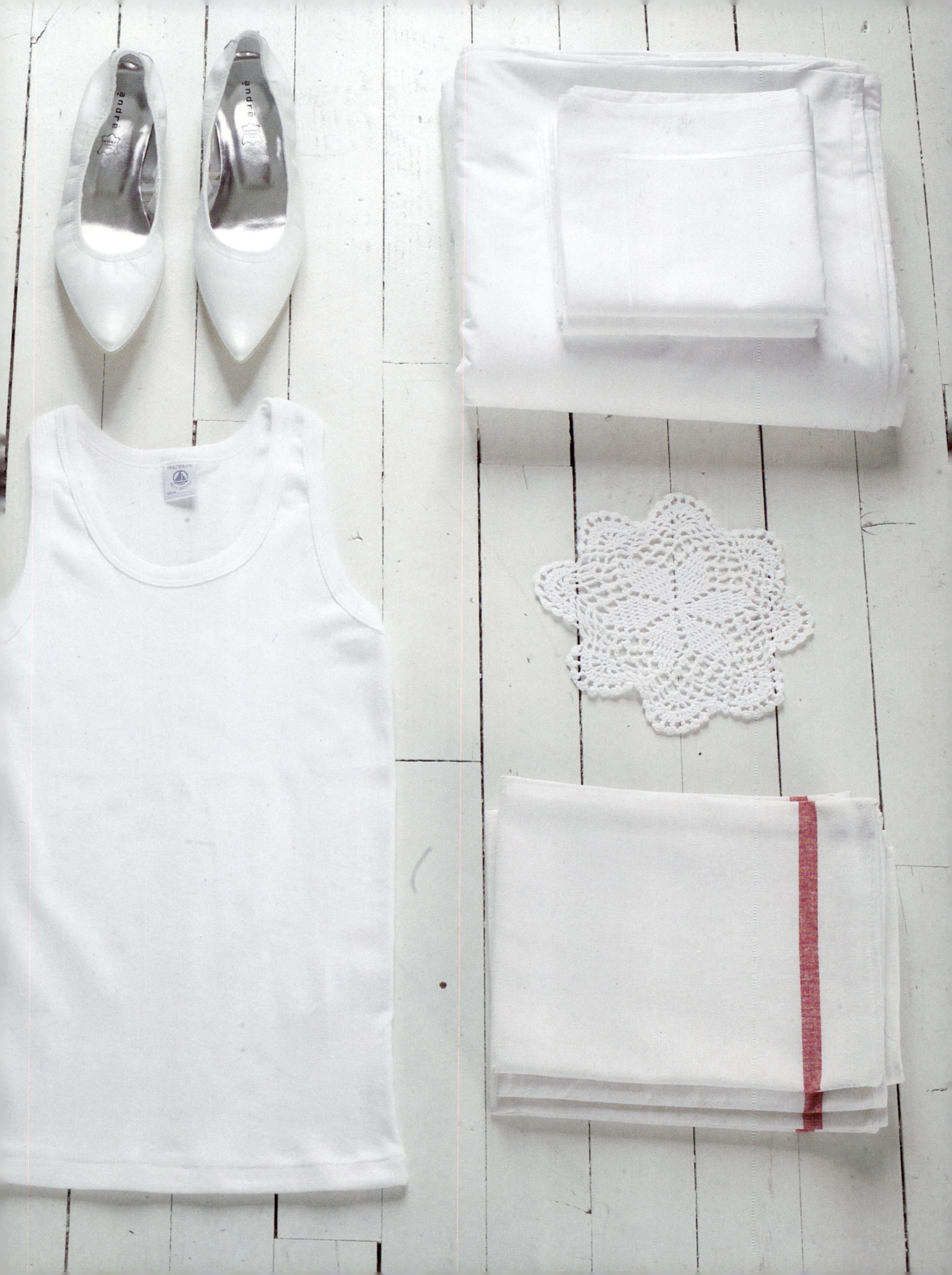

DIE TECHNIKEN DER EXPERTIN

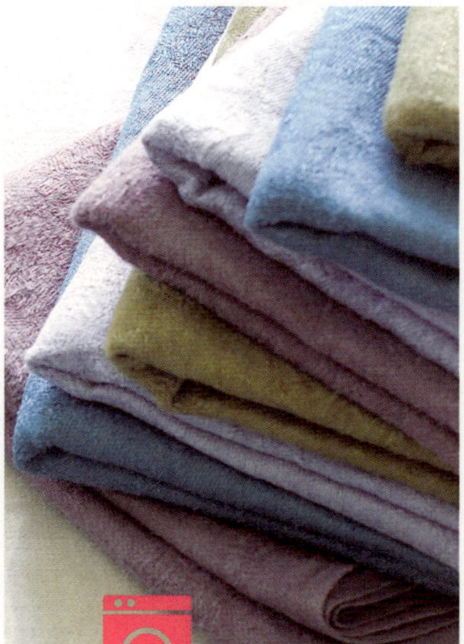

FÄRBEN

Befolgen Sie genau die Anweisungen auf der Packung der waschechten Dylon-Textilfarbe.

- Die Menge der benötigten Farbpackungen ist abhängig vom Trockengewicht der zu färbenden Stoffe: Wiegen Sie die Stoffe, bevor Sie die Farbe kaufen.
- Färben Sie nur saubere Stoffe ohne Ränder und Flecken, denn die Farbe überdeckt diese nicht. Wenn das zu färbende Wäschestück verschmutzt oder vergilbt ist, bleichen Sie es vor dem Färben. Mit einem Paket Färbemittel können Sie 250 oder 500 g Wäsche färben. Geben Sie ruhig ein T-Shirt von 100 g hinzu, um das gewünschte Gewicht zu erreichen.
- Wenn Sie mehr Wäsche als das angegebene Gewicht hinzugeben, wird die Farbe heller. Umgekehrt erhalten Sie eine dunklere Farbe, wenn Sie weniger Stoff als empfohlen färben.
- Die Farben der Färbeprodukte lassen sich mischen: Entwerfen Sie Farben und testen Sie die Mischungen, indem Sie Probestücke von Hand färben.
- Beachten Sie die ursprüngliche Farbe des zu färbenden Stoffs: Färben Sie einen gelben Stoff blau, so erhalten Sie Grün...
- Und schließlich die Antwort auf die häufigste Frage: Machen Sie sich keine Sorgen um Ihre Waschmaschine! Sie können sämtliche Farbspuren beseitigen, indem Sie im Anschluss ans Färben ein altes Geschirrtuch mit Bleichmittel waschen.
- Waschen Sie die Wäsche nach dem Färben zur Sicherheit einmal separat.

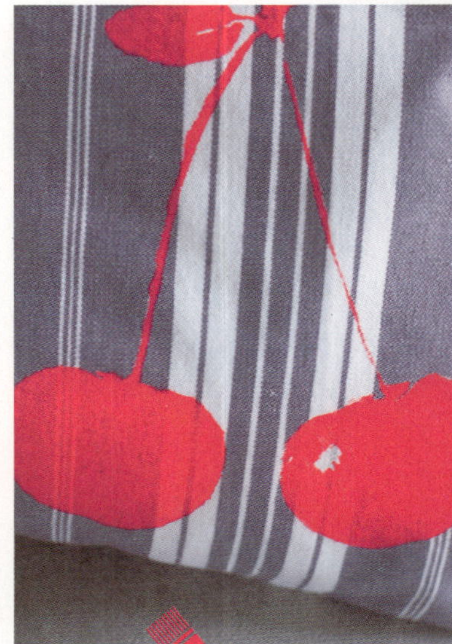

SCHABLONIEREN

- Fotokopieren Sie das zu reproduzierende Motiv. Kleben Sie es mit lösbarem Klebstoff auf einen Untergrund aus Pappe oder weichem Kunststoff, und schneiden Sie es möglichst genau als Aussparung aus. Platzieren Sie die Schablone auf dem Stoff, und befestigen Sie sie mit Klebestreifen. Falls Sie das Motiv auf einem Kissen- oder Bettbezug anbringen möchten, schieben Sie ein Stück Pappe in den Bezug, damit die Farbe nicht durchdringt.
- Tragen Sie die Dylon-Textilfarbe mit einem Schablonierpinsel oder einem Malerschwamm durch leichtes Tupfen auf. Tränken Sie den Pinsel oder den Schwamm nicht zu stark. Nehmen Sie die Schablone ab, bevor das Motiv vollkommen getrocknet ist. Lassen Sie das Bild mindestens 4 Stunden trocknen.
- Legen Sie ein sauberes Tuch auf das Motiv und fixieren Sie es 2 Minuten lang mit einem heißen Bügeleisen.
- Tragen Sie bei bedruckten Stoffen zunächst eine Schicht weiße Farbe auf und fixieren Sie sie nach dem Trocknen mit dem Bügeleisen.

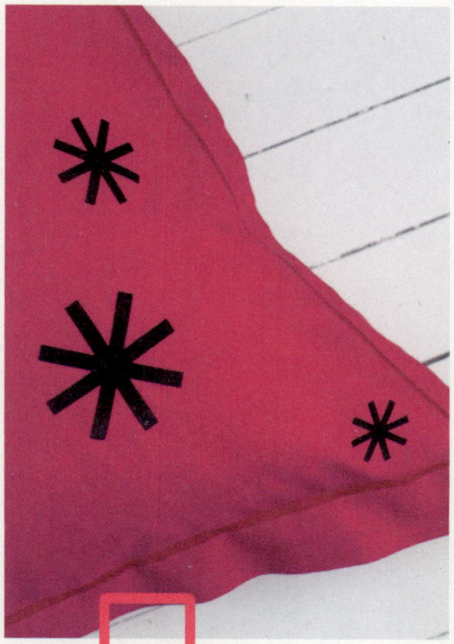

TRANSFERBILDER

Im Fachgeschäft
Zum Transferieren eines Motivs auf einen Stoff oder Aufbringen durch Beflockung (Flockdruck) bringen Sie am besten das gewünschte Motiv auf Papier oder einem Datenträger sowie den Stoff in ein Textildruckgeschäft. Diese Spezialisten arbeiten mit Computern und speziellen Maschinen. Sie scannen das Motiv ein und transferieren es auf den Stoff.

Transfervorgang zu Hause
Das Produkt Image Maker (eine Art Paste) der Firma Dylon ermöglicht das Transferieren von Schwarz-Weiß- und Farbbildern. Dieses Verfahren ähnelt der Verwendung von Abziehbildern. Fotokopieren Sie Ihr Motiv. Achtung, Image Maker reproduziert das Motiv spiegelverkehrt. Beachten Sie dies besonders, wenn das Motiv Text enthält. Nach einer Trocknungszeit von 72 Stunden können Sie den Stoff bei 30° C in der Maschine waschen. Drehen Sie den Stoff vor dem Waschen auf links.

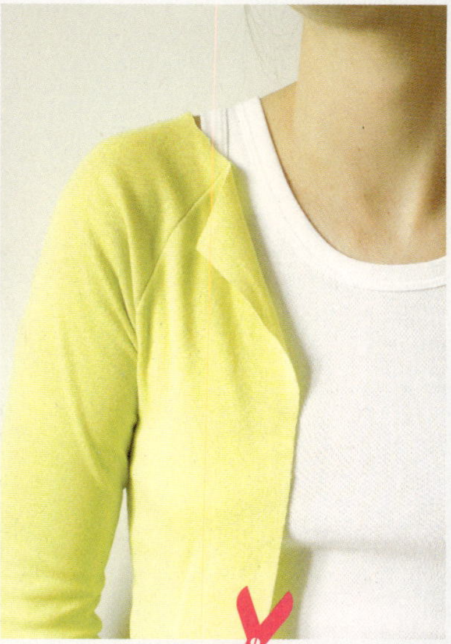

UNGESÄUMTER RAND

Nach dem Zuschnitt kann man einen Stoffrand unverarbeitet lassen, der Stoff franst dann ein wenig aus. Man erspart sich das lästige Nähen des Saums und erreicht gleichzeitig einen stilistischen Effekt. Eine allfällige Naht näht man möglichst nah am Rand, damit dieser nicht zu sehr ausfranst.

Transferpapier
Transferpapier erhalten Sie in Bastelgeschäften oder Papeterien. Es wird in Kombination mit Tintenstrahldruckern verwendet. Befolgen Sie die Anleitung auf der Verpackung.

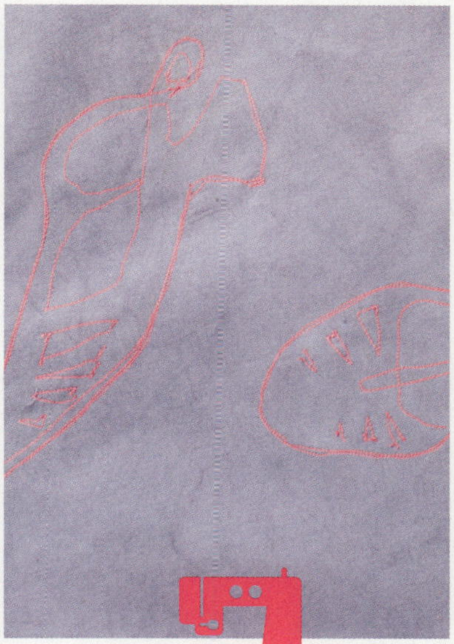

FREIE STEPPNAHT

Diese zufälligen Nähte dienen zum Applizieren eines Stoffs auf einen anderen, zum Zusammenhalten beider Stoffe oder zum Zeichnen von Motiven. Sie können das Muster mit Schneiderkreide vorzeichnen, bevor Sie mit dem Nähen beginnen.
Je unregelmäßiger die Steppnaht ist, desto interessanter wird sie. Haben Sie keine Angst: Wenn Ihnen das Ergebnis nicht gefällt, müssen Sie die Naht nur mit dem Trennmesser wieder aufschneiden, und Sie können wieder von vorn beginnen.

01 KISSEN

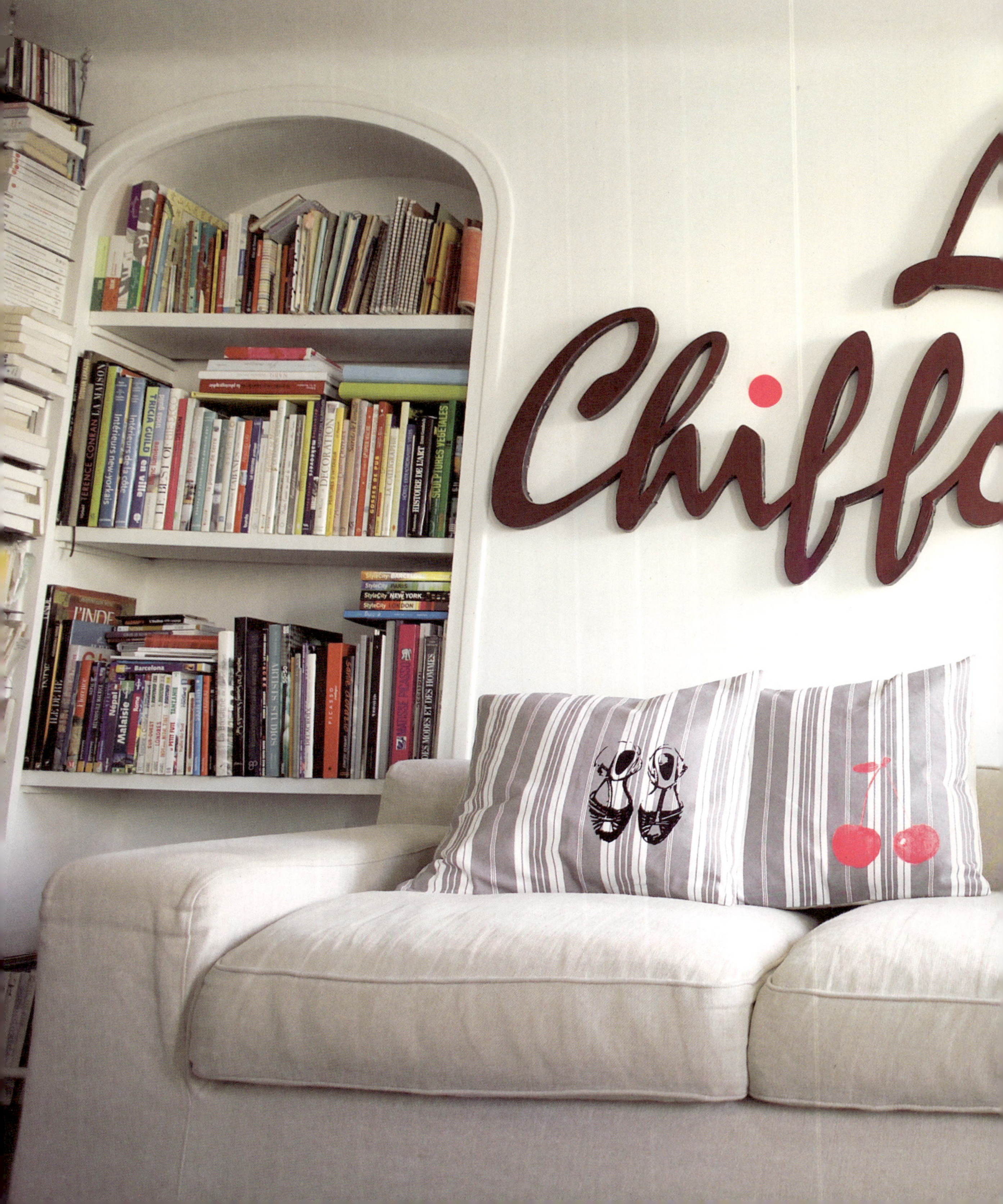

VIER IDEEN FÜR EINEN NEUEN LOOK

Es wird Zeit, etwas mit dem unscheinbaren Kissen zu machen, das den besten Platz auf dem Sofa einnimmt. Ausgehend von einer bereits bestehenden oder aus Drillich angefertigten Kissenhülle (einfarbig oder gestreift), wählen wir unser Lieblingsmotiv und machen uns an die Arbeit.

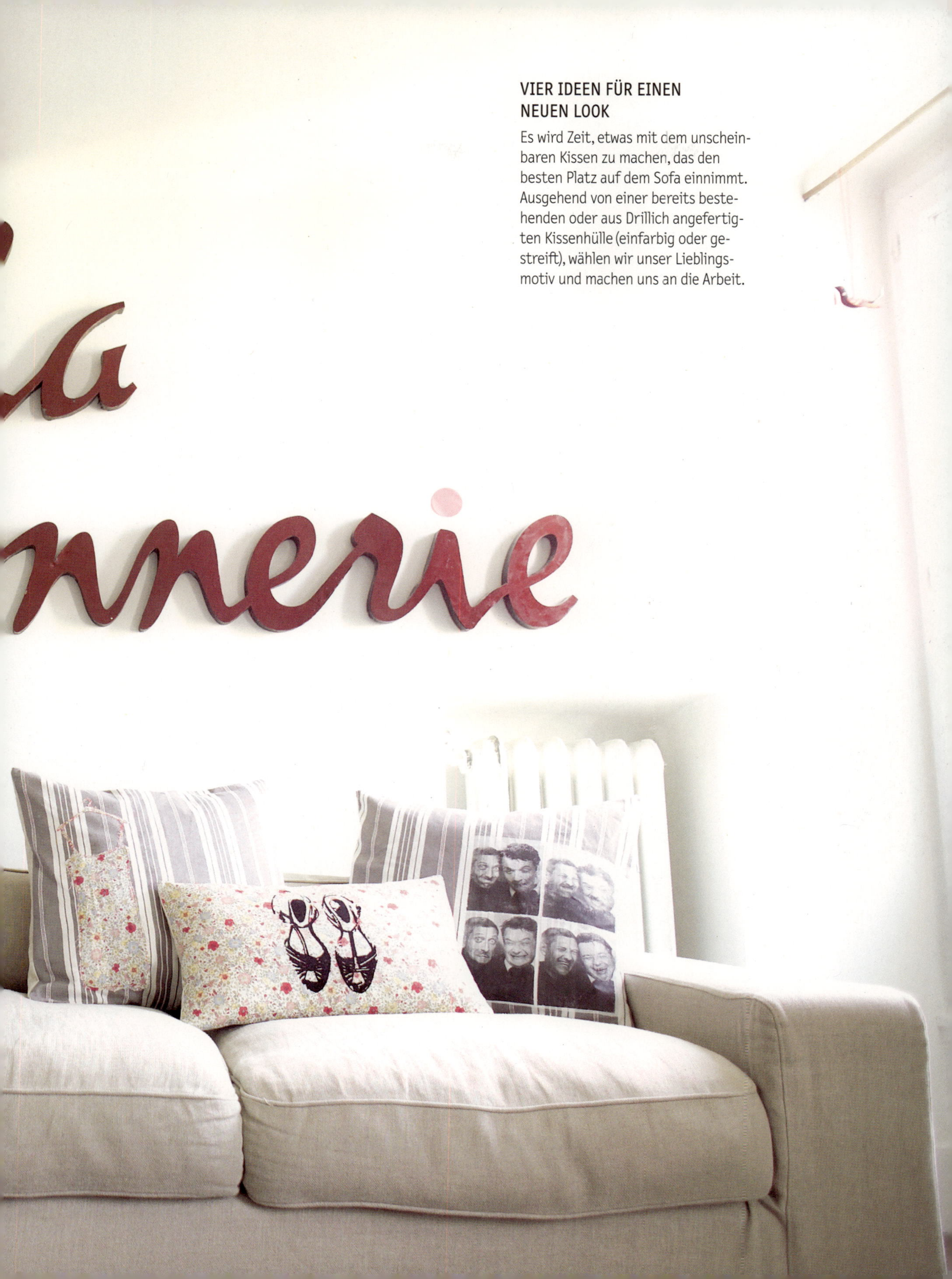

01 KISSEN

A—

FOTOAUTOMATENBILDER

- IMAGE MAKER (DYLON)
- KLEBEBAND
- WEISSE TEXTILFARBE
- PINSEL
- NUDELHOLZ

Transfervorgang für zu Hause
Drucken oder kopieren Sie das Motiv in der gewünschten Größe. Mit Image Maker können Sie Schwarz-Weiß- und Farbbilder transferieren. Rahmen Sie den Bereich, auf dem das Bild aufgebracht werden soll, mit Klebeband ein. Grundieren Sie den Bereich mit weißer Textilfarbe. Nehmen Sie das Klebeband ab, lassen Sie die Farbe 2 Stunden lang trocknen, und fixieren Sie sie mit dem Bügeleisen.
Tragen Sie eine dicke Schicht Image Maker auf die Vorlage auf. Image Maker reproduziert das Motiv spiegelverkehrt. Vorsicht, wenn Ihr Bild Text enthält.
Legen Sie die Vorlage nun mit der Bildseite nach unten auf den Stoff. Rollen Sie mit dem Nudelholz 2 oder 3 Minuten lang fest über die Rückseite des Bilds.
Lassen Sie das Motiv 4 bis 12 Stunden trocknen. Weichen Sie das Papier mithilfe eines feuchten Schwamms auf, ziehen Sie es ab, feuchten Sie das Motiv erneut an, und reiben Sie vorsichtig mit dem Finger darüber, um die Papierreste zu lösen. Fahren Sie damit fort, bis das Bild sauber ist. Nach 72 Stunden können Sie den bedruckten Stoff bei 30° C in der Waschmaschine waschen. Drehen Sie ihn vor dem Waschen auf links.

Schnelle Lösungen

- Transfer in einem Fachgeschäft
- Transfer zu Hause mit Transferpapier

Nähere Informationen finden Sie auf der Technikseite.

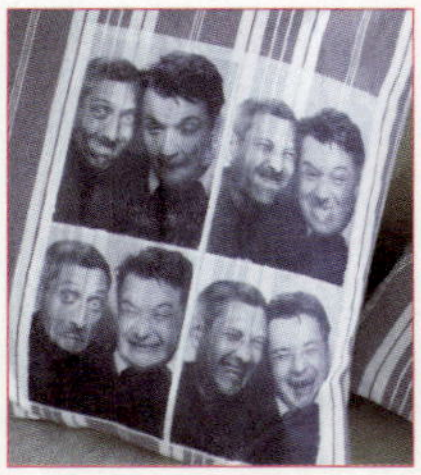

B—

TANZSCHUHE

Für dieses Projekt müssen Sie ein Textildruckgeschäft kontaktieren. Fragen Sie nach Samtbeflockung. Bringen Sie das gewünschte Motiv ins Geschäft mit, dort wird man das Motiv bearbeiten und in der gewünschten Ausführung drucken und beflocken.

Originalgröße des Motivs: 19 cm

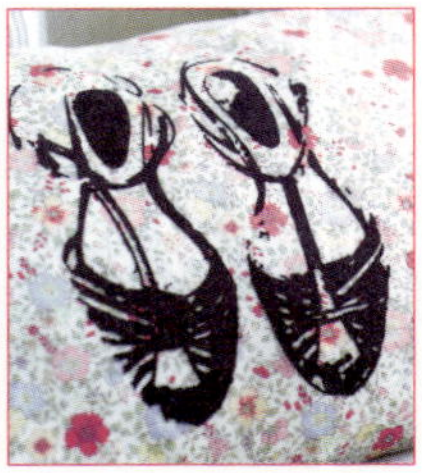

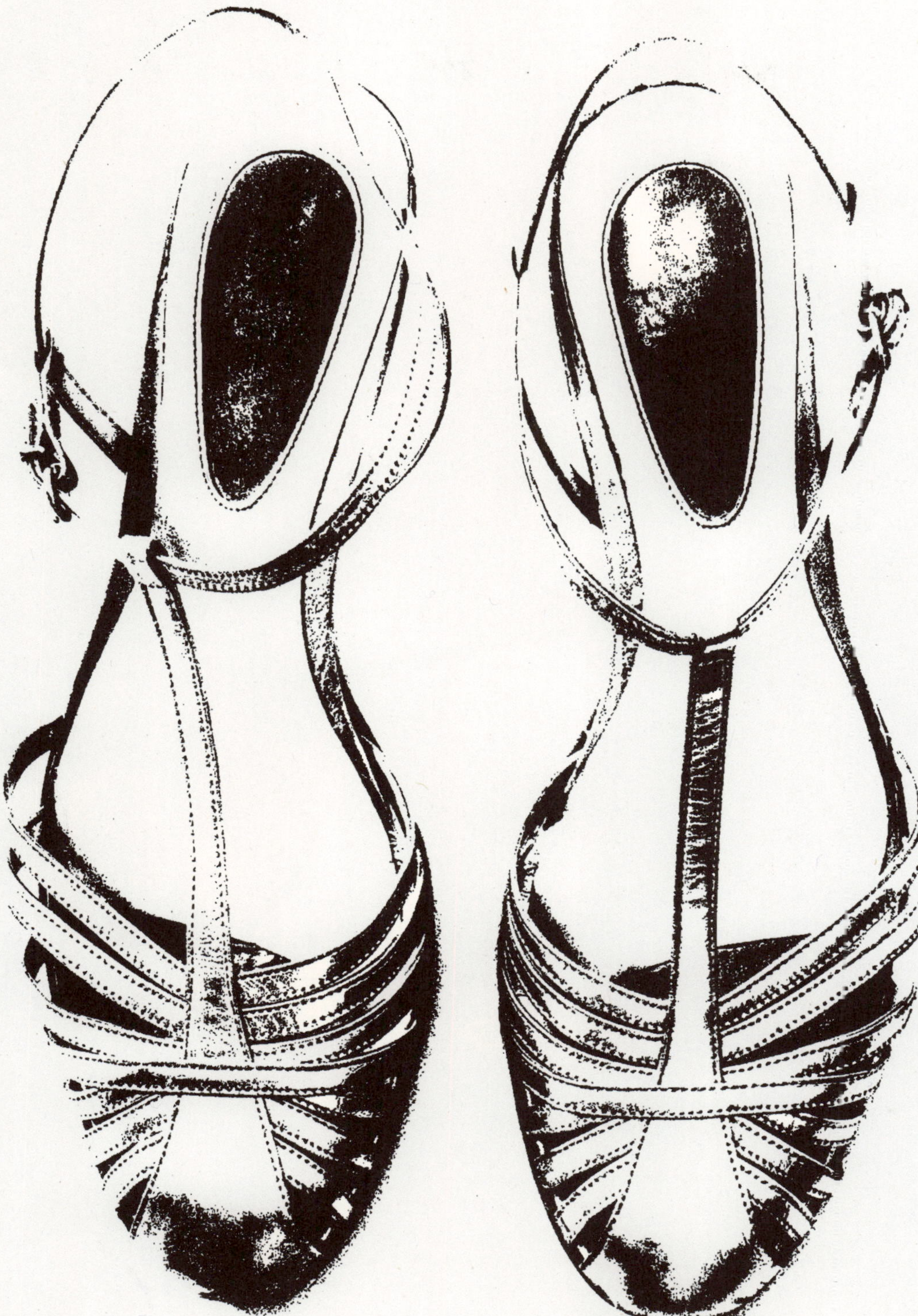

01 KISSEN

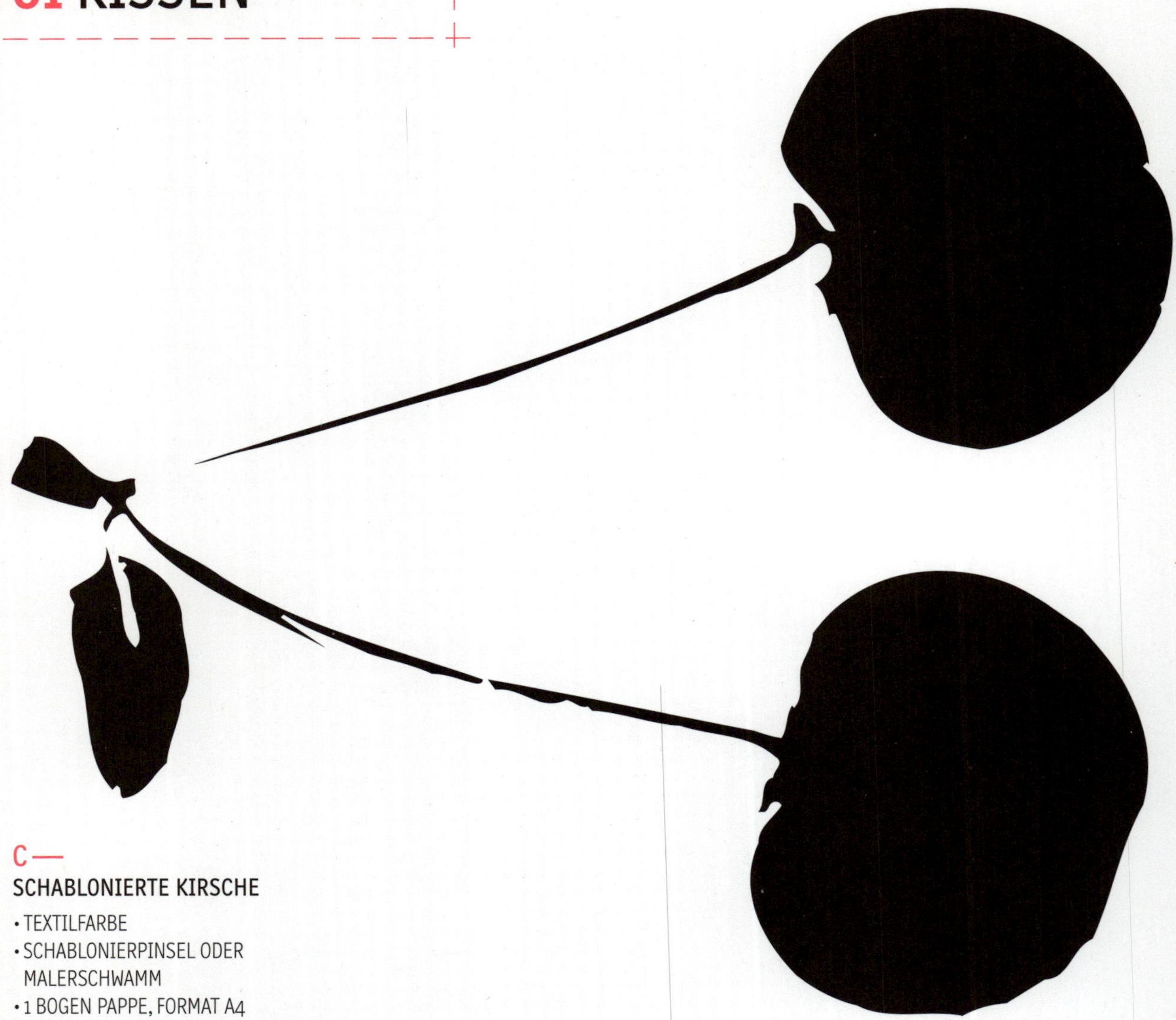

C—

SCHABLONIERTE KIRSCHE

- TEXTILFARBE
- SCHABLONIERPINSEL ODER MALERSCHWAMM
- 1 BOGEN PAPPE, FORMAT A4
- TEPPICHMESSER
- KLEBEBAND
- ABLÖSBARER KLEBSTOFF

Fotokopieren Sie das Motiv, kleben Sie es auf ein Stück Pappe, und schneiden Sie es so genau wie möglich aus. Platzieren Sie die Schablone auf der Kissenhülle, fixieren Sie sie mit Klebeband, und schieben Sie ein Stück Pappe in die Kissenhülle, damit die Farbe nicht durchdringt. Falls Sie bedruckten Stoff verwenden, bringen Sie zuerst durch leichtes Tupfen eine Schicht weiße Textilfarbe auf, um den Druck zu überdecken. Tragen Sie die Farbe nicht zu dick auf, damit sie nicht unter die Schablone läuft.

Lassen Sie die Farbe mindestens 4 Stunden trocknen. Legen Sie ein sauberes Tuch auf das Motiv, und fixieren Sie die weiße Farbe 2 Minuten lang mit einem heißen Bügeleisen. Tragen Sie anschließend eine zweite Schicht in der gewünschten Farbe auf. Nehmen Sie die Schablone ab, bevor das Bild ganz getrocknet ist. Lassen Sie das Motiv trocknen, und fixieren Sie es mit dem heißen Bügeleisen. Danach können Sie die bedruckte Kissenhülle bei 30° C in der Maschine waschen.

Originalgröße des Motivs: 19 cm

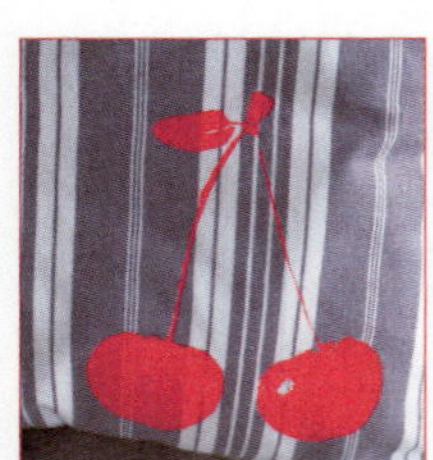

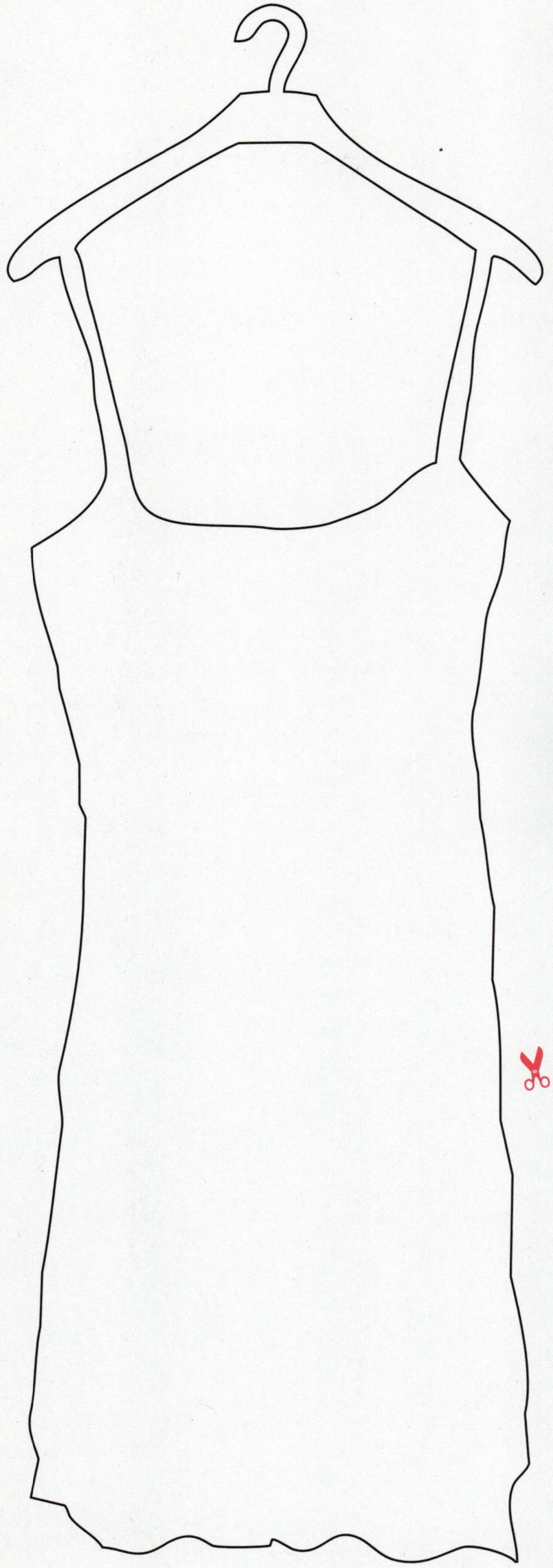

D—

MÄDCHENKLEID

- STOFFREST, CA. 40 CM
- PINKFARBENES GARN
- ABLÖSBARER SPRÜHKLEBER
- NÄHMASCHINE

Fotokopieren Sie das Motiv. Besprühen Sie die Rückseite der Fotokopie leicht mit Klebstoff, und platzieren Sie sie auf der Rückseite des Stoffrestes. Schneiden Sie das Motiv aus. Ziehen Sie die Fotokopie vorsichtig ab, und stecken Sie das Stoffmotiv auf die Kissenhülle. Steppen Sie die Kontur mit pinkfarbenem Garn ab. Die Naht muss nicht perfekt sein... Wenn das Motiv ausfranst, wirkt es sogar noch hübscher.

Originalgröße des Motivs: 37 cm

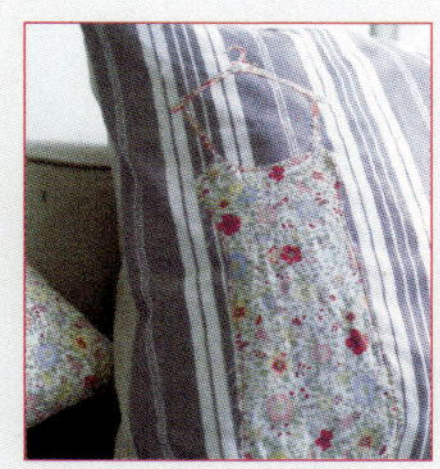

02 VORHÄNGE

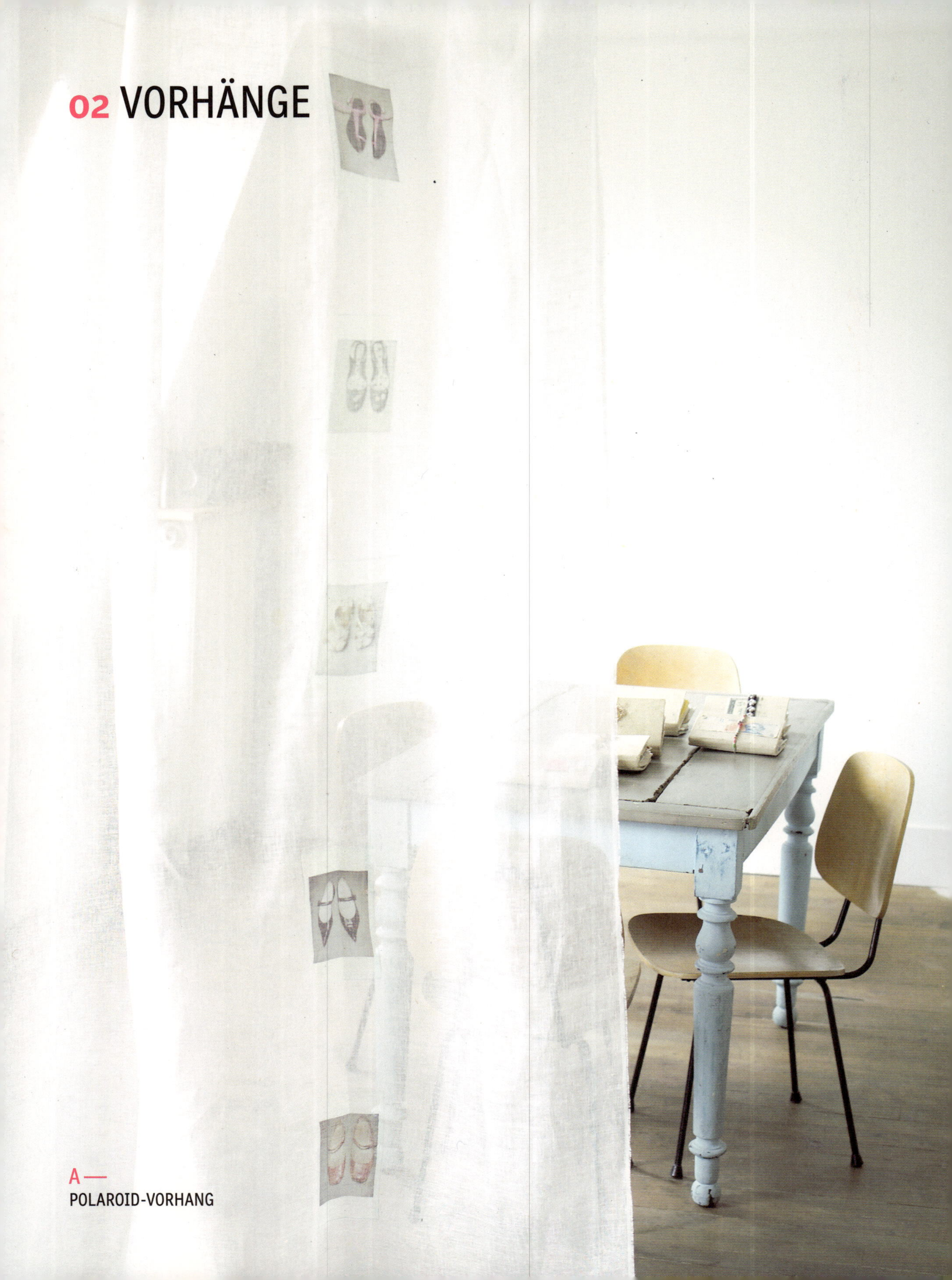

A —
POLAROID-VORHANG

B —

SPITZENVORHANG

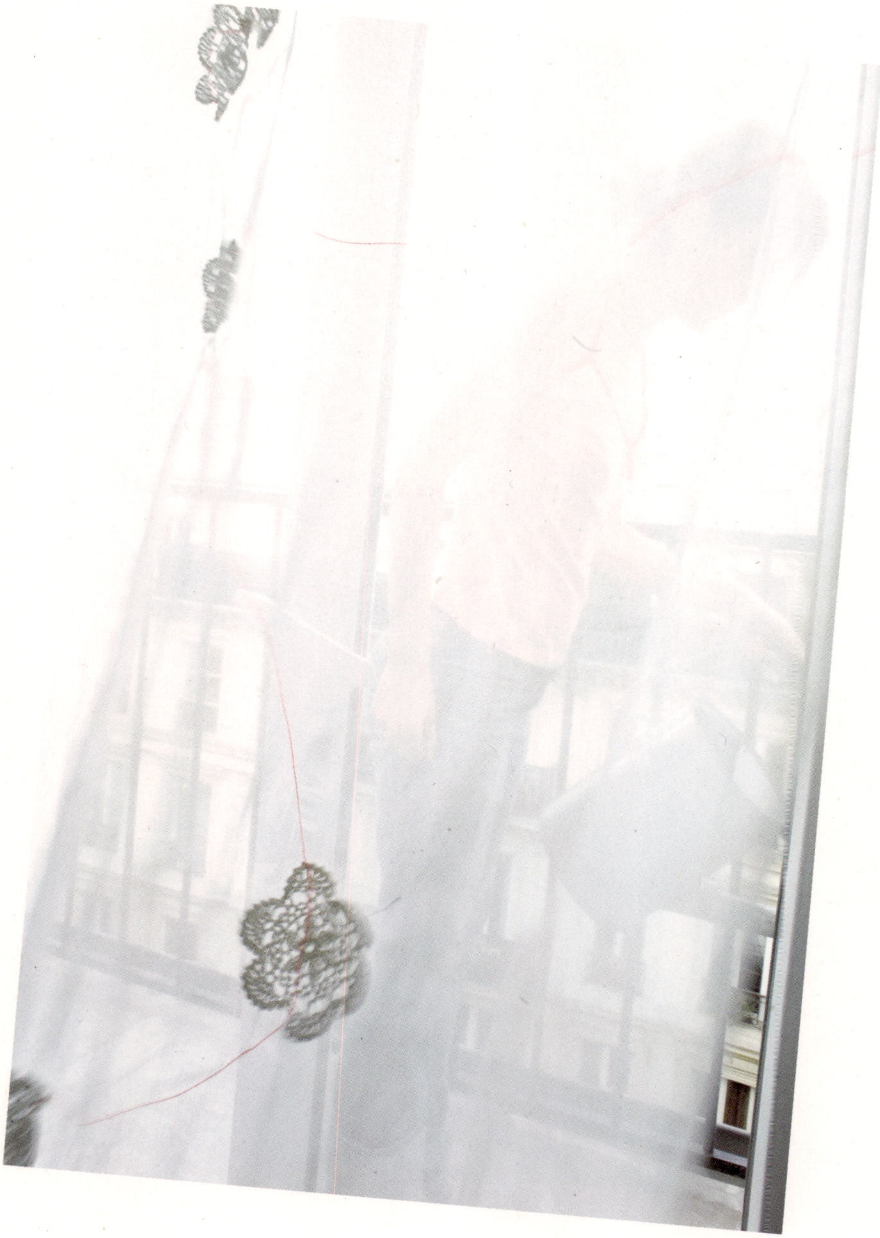

02 VORHÄNGE

A—
POLAROID-VORHANG

- FERTIGVORHANG AUS BAUMWOLLE ODER WEISSEM LEINEN
- FOTOS ODER POLAROIDS AUS IHRER SAMMLUNG
- 1 ROLLE KLEBEBAND

Wählen Sie Polaroid-Fotos aus (hier Polaroids von Schuhen, aber viele andere Motive sind ebenso gut). Markieren Sie die Stellen, an denen die Polaroids auf dem Vorhang angebracht werden sollen, mit Klebeband. Bringen Sie das Ganze in ein Textildruckgeschäft, wo man Ihnen die Bilder auf den Vorhang transferieren kann.

Originalgröße der Polaroids: 18 cm

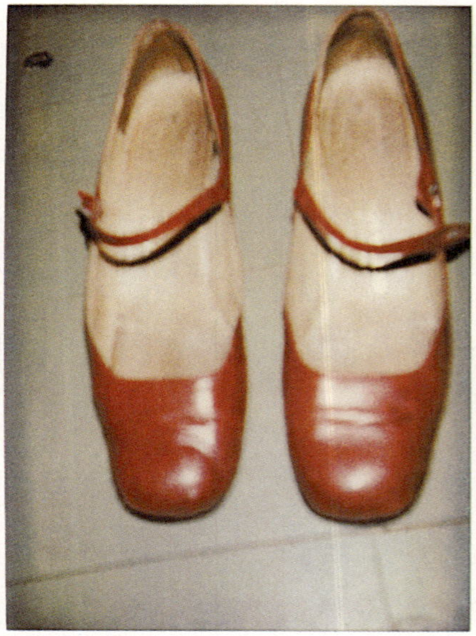

B—
SPITZENVORHANG

- FERTIGVORHANG AUS BAUMWOLLE ODER WEISSEM LEINEN
- 9 WEISSE HÄKELDECKCHEN
- 1 ROLLE PINKFARBENES GARN

Platzieren Sie die Deckchen wie zufällig auf dem glatt gezogenen Vorhang; befestigen Sie sie jeweils mit einer Stecknadel. Nähen Sie mit der Nähmaschine und dem pinkfarbenen Garn eine freie Linie über den Vorhang, und steppen Sie dabei die Deckchen fest. Nähen Sie eine weitere zufällige Linie quer über den Vorhang.

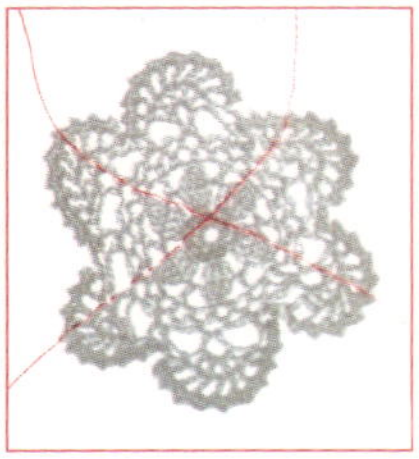

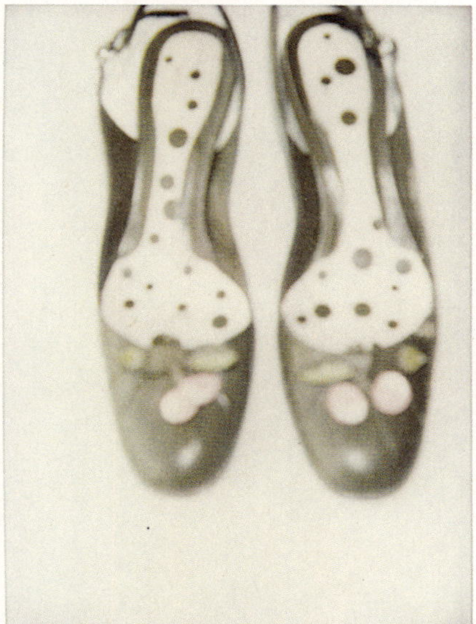
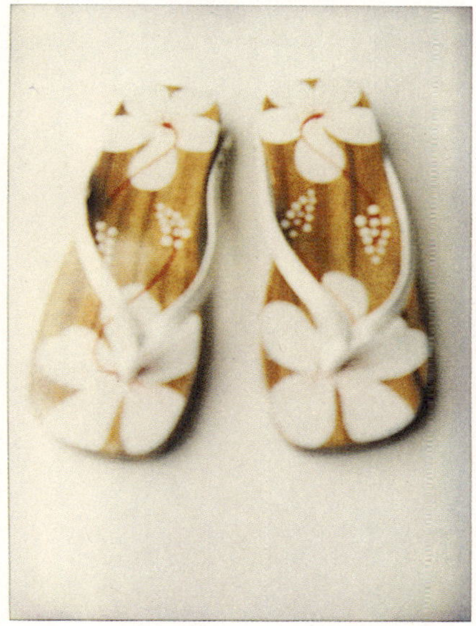
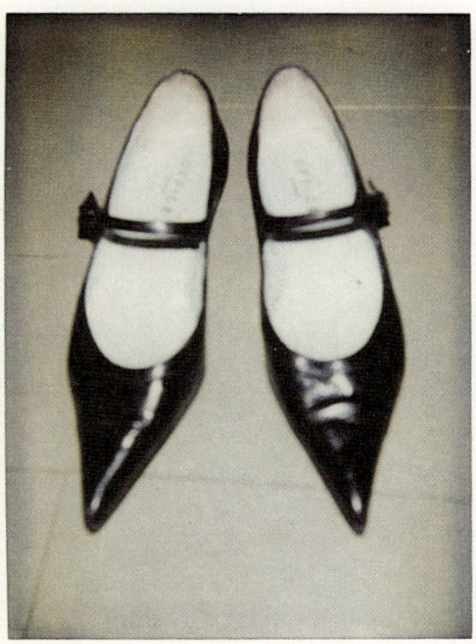
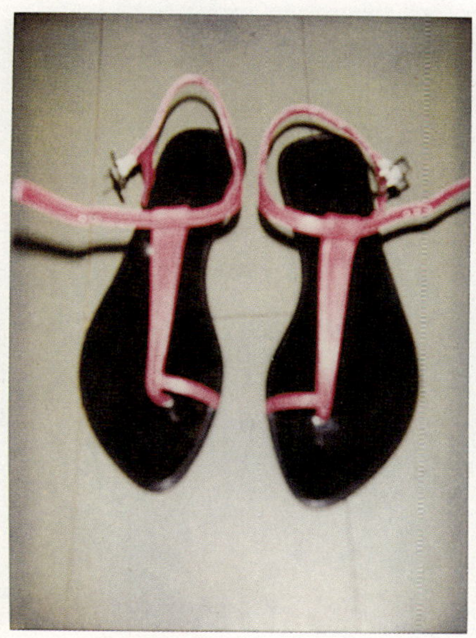

03 T-SHIRTS

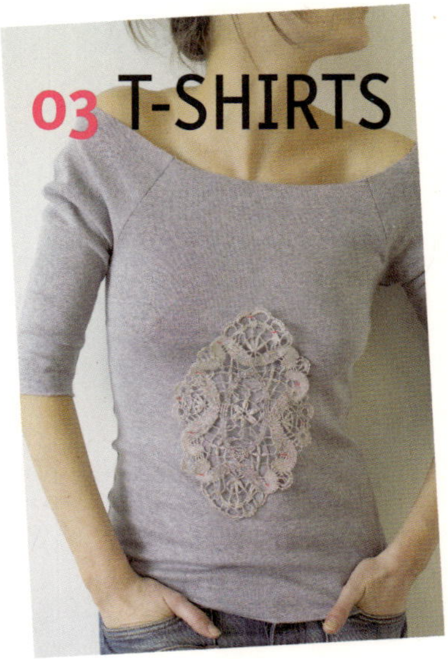

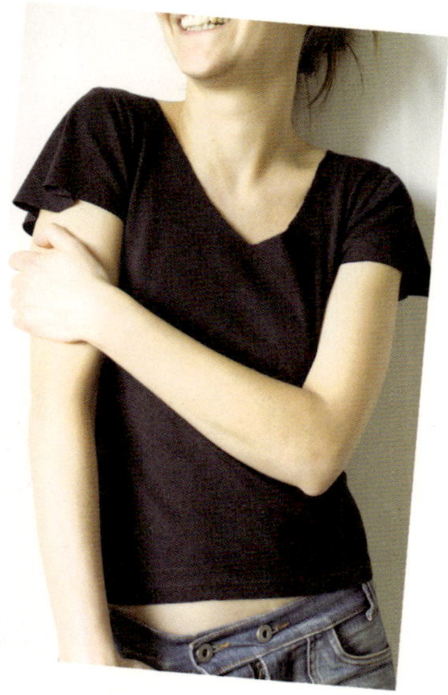

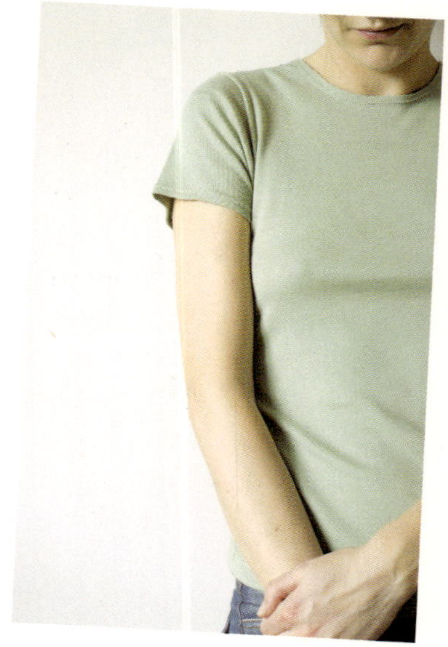

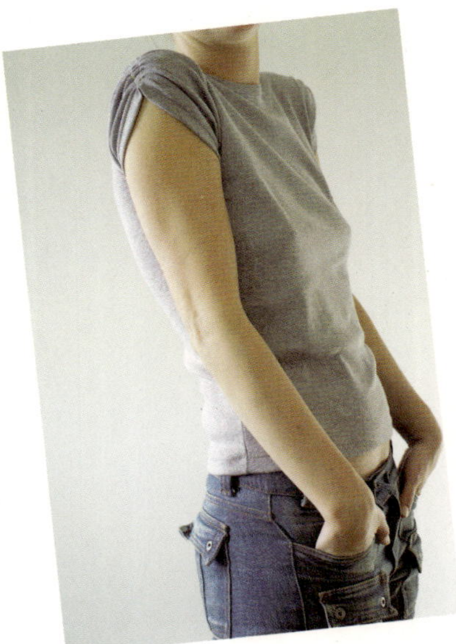

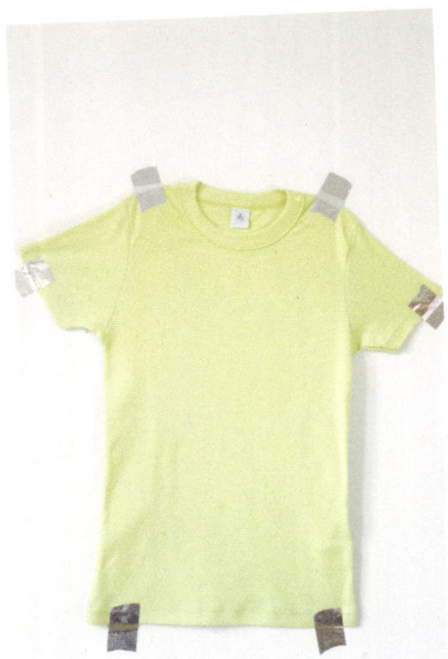

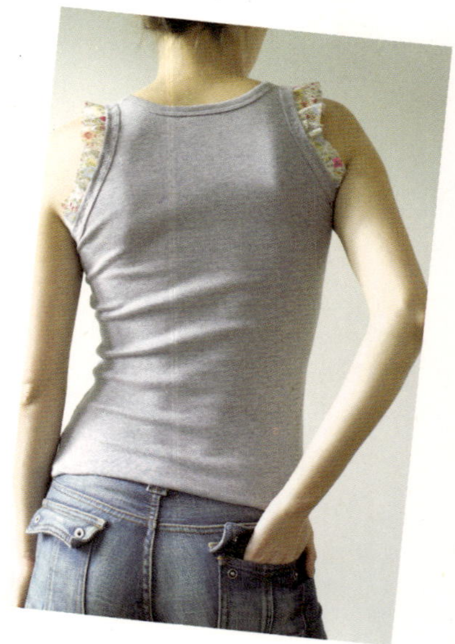

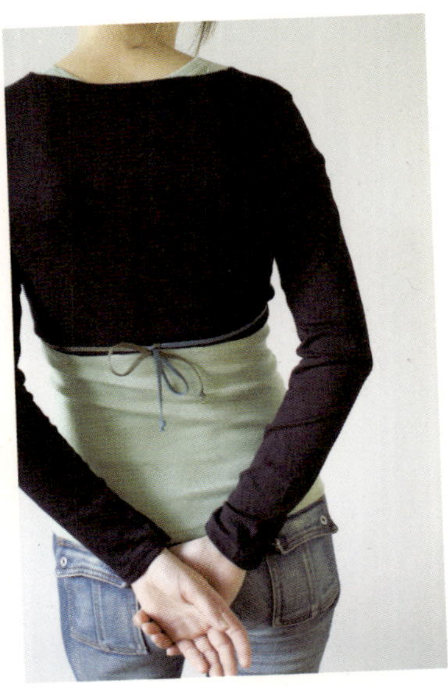

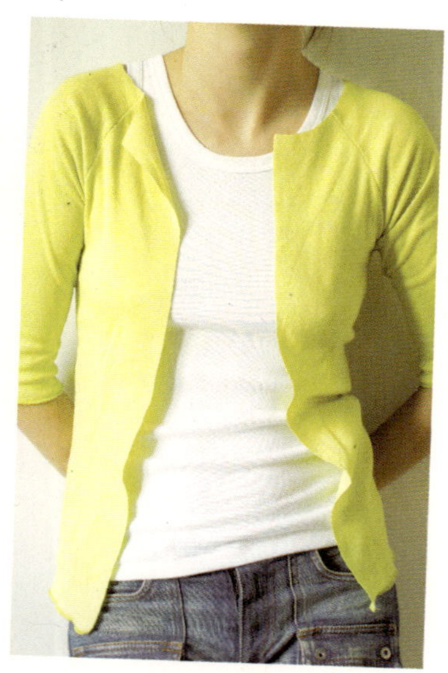

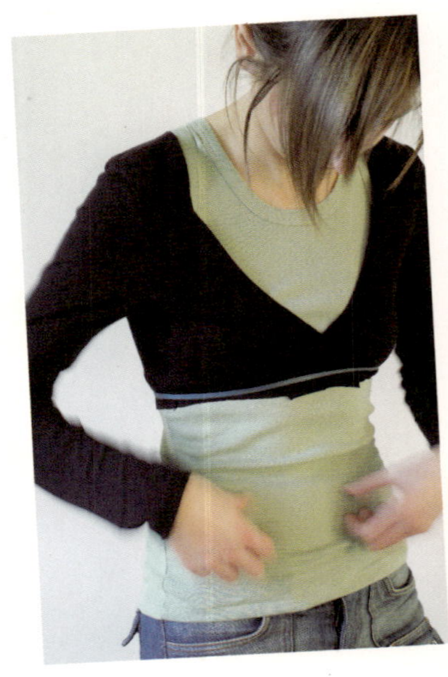

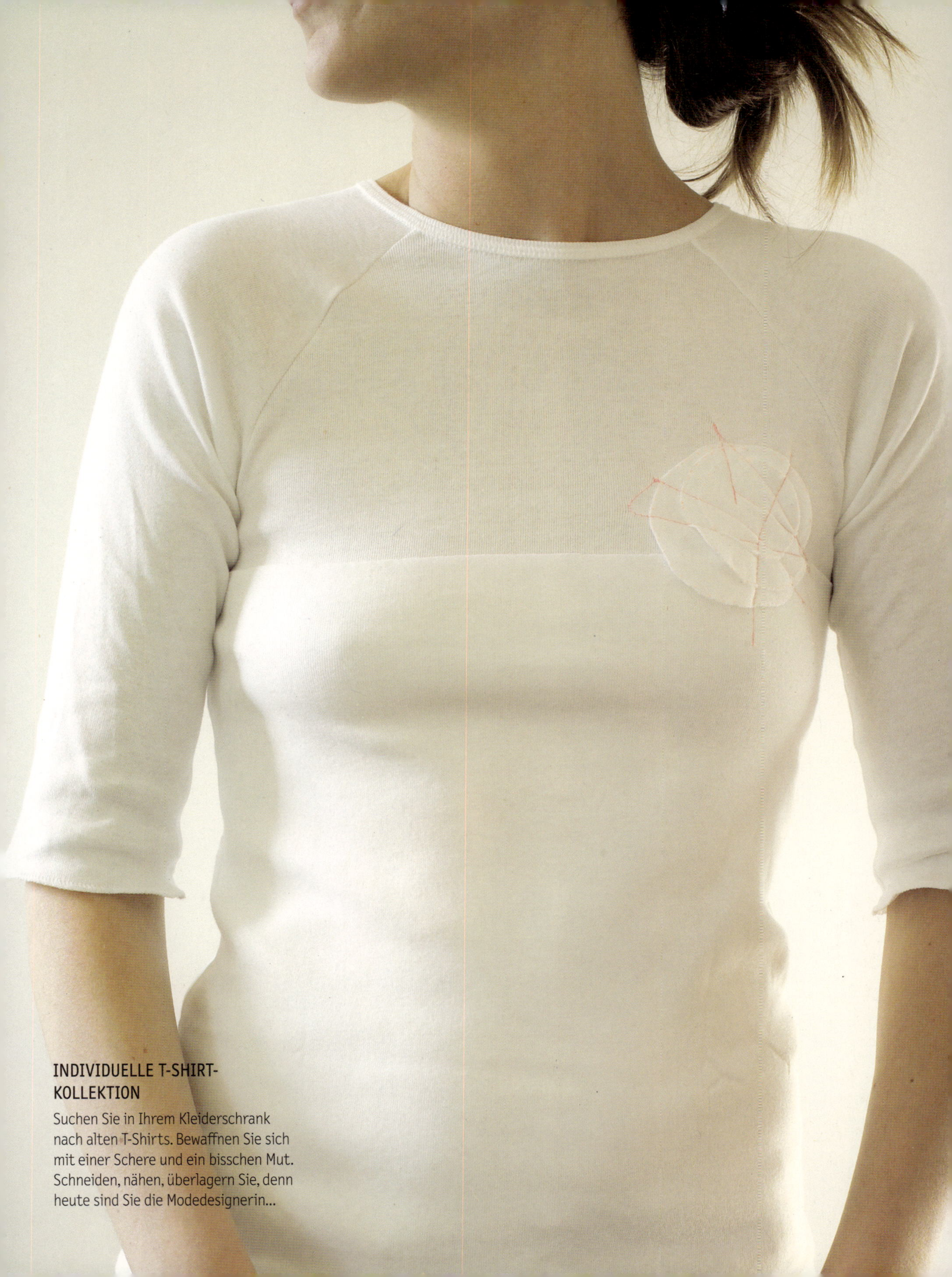

INDIVIDUELLE T-SHIRT-KOLLEKTION

Suchen Sie in Ihrem Kleiderschrank nach alten T-Shirts. Bewaffnen Sie sich mit einer Schere und ein bisschen Mut. Schneiden, nähen, überlagern Sie, denn heute sind Sie die Modedesignerin...

03 T-SHIRTS

A —

DAS SCHULTERFREIE MIT SPITZENBESATZ

- 1 SHIRT MIT DREIVIERTELARM
- 1 GLASUNTERSETZER ODER 1 SPITZEN-DECKCHEN

Färben Sie das Spitzendeckchen in derselben Farbe wie das T-Shirt. Schneiden Sie den Halsbund rund als U-Boot-Ausschnitt aus.
Platzieren Sie das Spitzendeckchen in der Mitte des Shirts, und befestigen Sie es von Hand oder mit der Maschine mit kleinen Stichen in einer kontrastierenden Farbe.

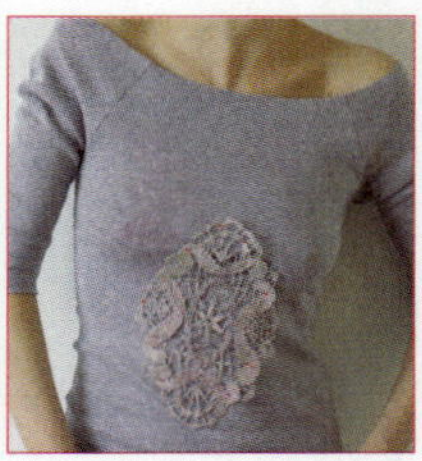

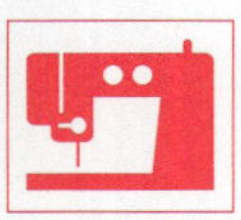

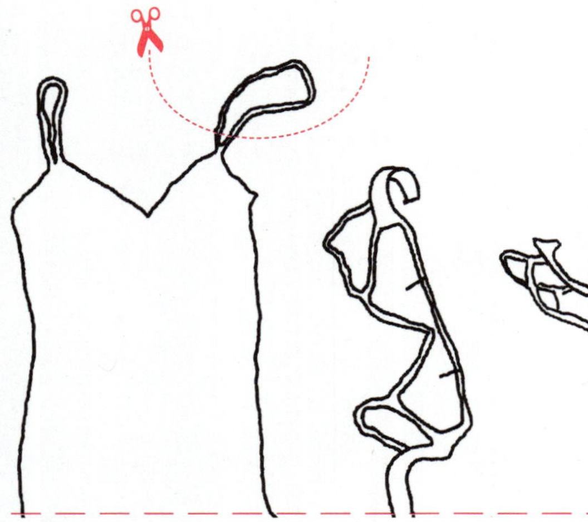

B —

KLEINES SCHWARZES FÜR DEN ABEND

- 1 KURZÄRMELIGES T-SHIRT MIT RUND-HALS- ODER V-AUSSCHNITT

Ziehen Sie das T-Shirt über, und stellen Sie sich vor einen Spiegel. Markieren Sie den tiefsten Punkt für das Dekolletee und einen Punkt auf jeder Schulter außerhalb des Halsausschnitts. Legen Sie das T-Shirt glatt auf einen Tisch, und zeichnen Sie ein V zwischen dem mittleren Punkt und den Punkten auf den Schultern. Schneiden Sie den Ausschnitt nur auf der Vorderseite des T-Shirts aus. Zeichnen Sie eine Linie von der unteren Seite des Ärmellochs auf Höhe der Achsel bis hin zur äußeren Spitze des Ärmels. Schneiden Sie entlang dieser Linie.

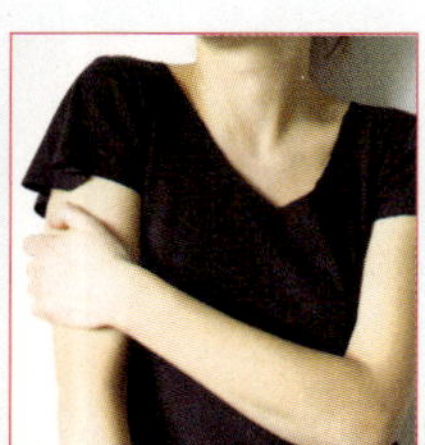

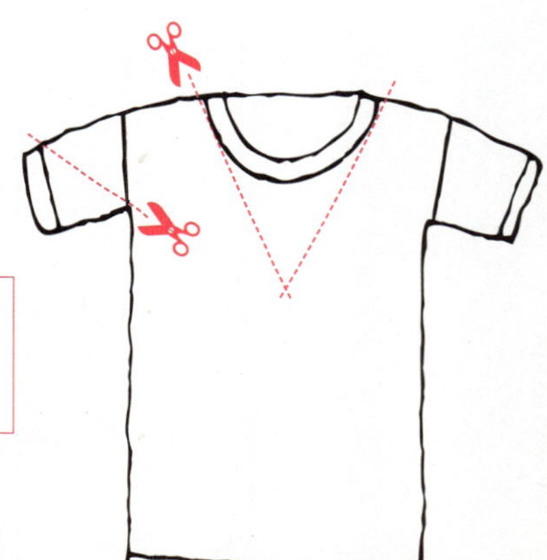

C—

LEICHTES BASIC-SHIRT MIT NEUEM AUSSCHNITT

- 1 KURZÄRMELIGES T-SHIRT MIT RUNDHALSAUSSCHNITT

Beschneiden Sie mit einer Schere den Saum des Rundhalsausschnitts. Wiederholen Sie den Vorgang an beiden Ärmeln.

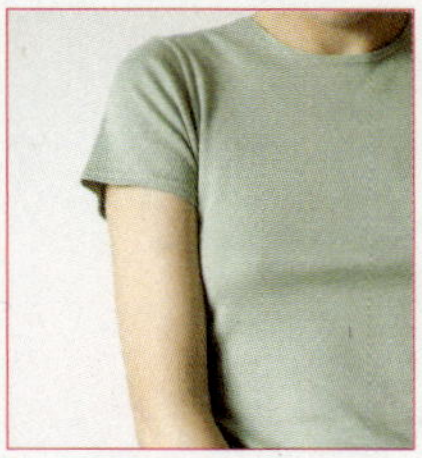

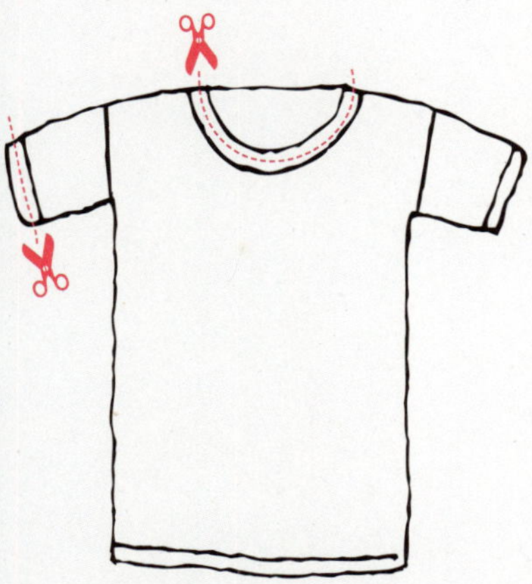

D—

GERAFFTE ÄRMEL

- 1 KURZÄRMELIGES T-SHIRT MIT RUNDHALSAUSSCHNITT
- GELBES GARN

Steppen Sie ausgehend vom Halsausschnitt entlang der Schulternaht. Raffen Sie den Ärmel ab dem Ärmelloch und nähen Sie weiter. Steppen Sie erneut auf der anderen Seite der Schulternaht, um einen Borteneffekt zu erreichen. Wiederholen Sie den Vorgang am anderen Ärmel. Verschmälern Sie den Saum des Halsausschnitts mit einer Schere.

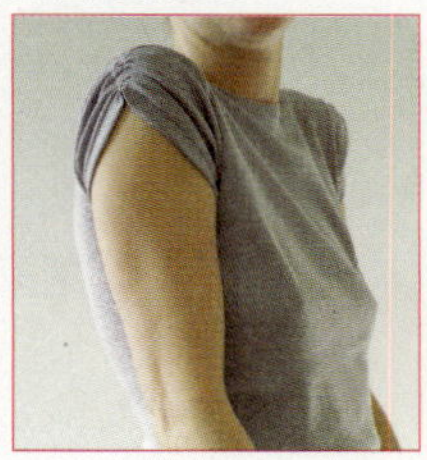

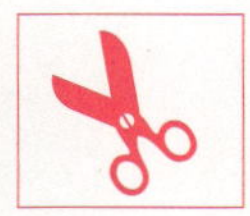

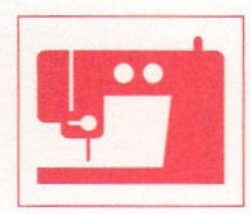

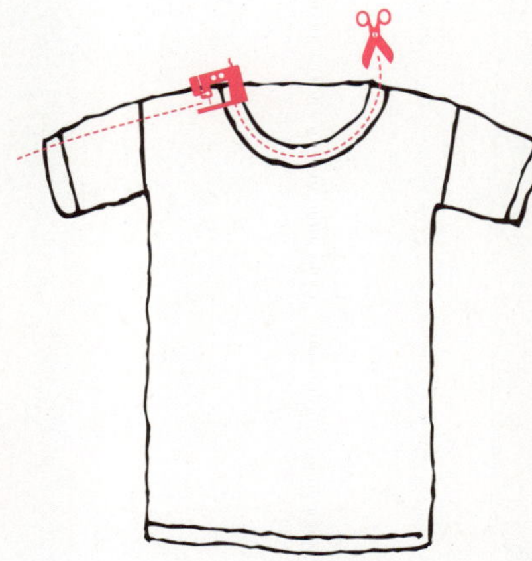

E—

RÜSCHENTOP

- 1 GRAUES TOP
- 1 LIBERTY-STOFFREST

Mit diesem Top erinnern Sie auf nostalgische Weise an Ihre Kinderkleider. Schneiden Sie zwei lange Schrägstreifen von 75 x 10 cm aus dem Liberty-Stoff. aus. Stecken Sie die Streifen gerafft um die Armlöcher herum fest. Bringen Sie dabei mehr Falten am oberen Teil des Armlochs an, und lassen Sie unten etwas mehr Abstand zwischen den Falten. Nähen Sie mit der Maschine im Jersey-Stich, um die Dehnbarkeit der Wirkware zu erhalten.

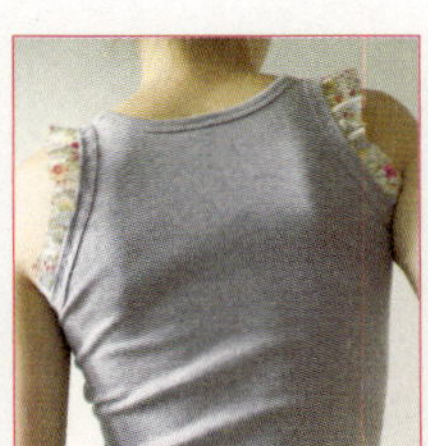

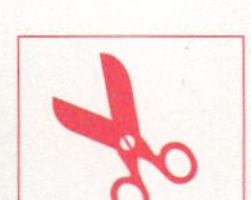

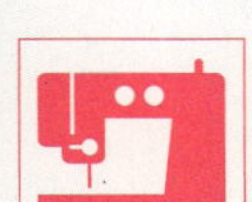

Die Rüsche darf nicht mehr als 5 cm überstehen (bei Bedarf angleichen).

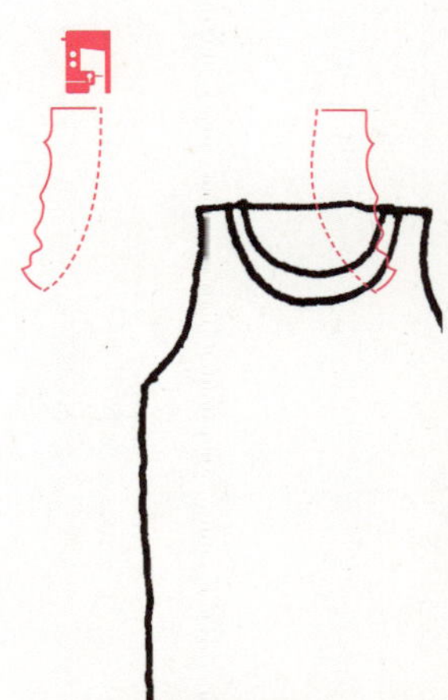

03 T-SHIRTS

G —

TWINSET

- 1 TOP
- 1 SHIRT MIT DREIVIERTELARM
- KREIDE

Chic! Lassen Sie die Jacke offen, oder schließen Sie sie mit einer Brosche.
Legen Sie das T-Shirt glatt auf einen Tisch. Zeichnen Sie mit Kreide eine Linie von der Mitte des Halsausschnitts bis nach unten. Schneiden Sie entlang dieser Linie. Tragen Sie die entstandene Jacke über einem Top.

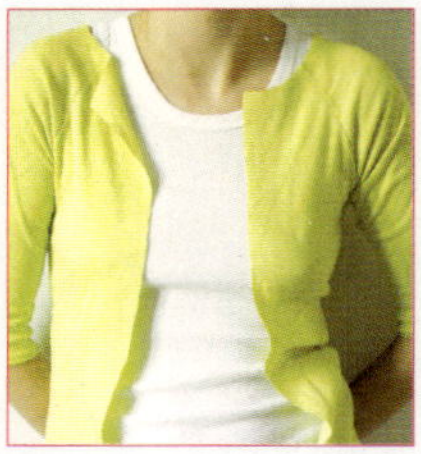

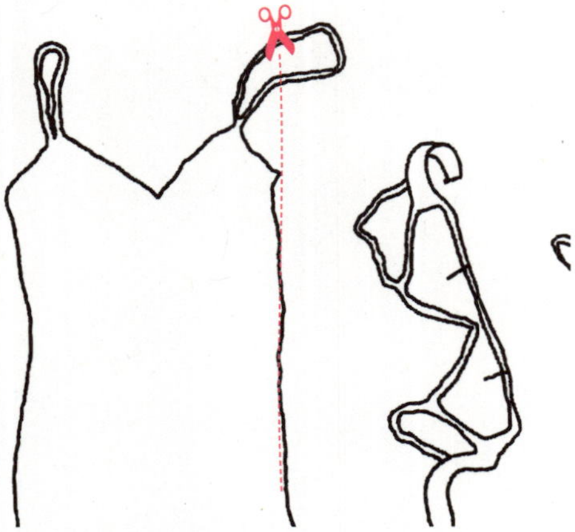

F —

CACHE-COEUR FÜR TÄNZERINNEN

- 1 TOP + 1 LANGARM-SHIRT MIT RUNDHALSAUSSCHNITT
- 2 BÄNDER IN VERSCHIEDENEN FARBEN, 80 CM LANG
- KREIDE
- LINEAL

Ziehen Sie das Langarmshirt über, und zeichnen Sie mit der Kreide eine horizontale Linie 5 cm unter der Brust. Schneiden Sie entlang dieser Linie. Zeichnen Sie eine weitere Linie von der Mitte des Halsausschnitts bis nach unten, und schneiden Sie erneut entlang dieser Linie. Ziehen Sie das Bolerojäckchen über und stellen Sie sich vor einen Spiegel. Markieren Sie mit der Kreide nun den gewünschten Halsausschnitt. Legen Sie das Shirt wieder glatt hin, und schneiden Sie den Halsausschnitt aus. Wenn der Schnitt Ihrer Körperform entspricht, nähen Sie unten an jede Seite ein Band fest. Ziehen Sie das Jäckchen über ein Top, und binden Sie es am Rücken zu.

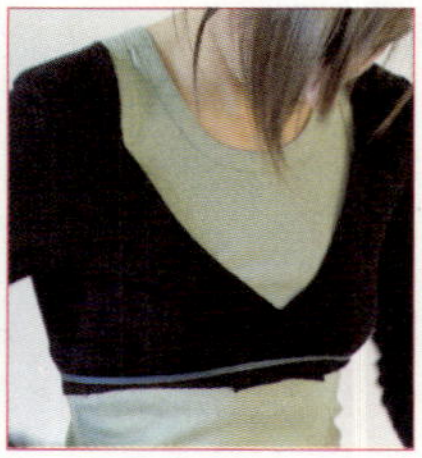

SHIRT MIT OPTISCHER TÄUSCHUNG

- 1 SHIRT MIT DREIVIERTELARM
- 1 T-SHIRT ODER TOP

Zeichnen Sie eine horizontale Linie unter den Achseln des Tops, und schneiden Sie entlang dieser Linie. Ziehen Sie den Schlauch über das andere Shirt bis über die Brust. Schneiden Sie aus dem Rest des Tops drei Kreise von 4, 6 und 8 cm Durchmesser. Legen Sie sie der Größe nach übereinander und platzieren Sie sie auf Höhe des Herzens auf dem Übergang zwischen den beiden Shirts. Steppen Sie mit neonfarbenem Garn eine freie Naht über diese Blüte, um sie zu befestigen. Nähen Sie zwei Stiche unter den Achseln und ein Kreuz auf dem Rücken am Übergang der T-Shirts, um das Ganze zusammenzuhalten.

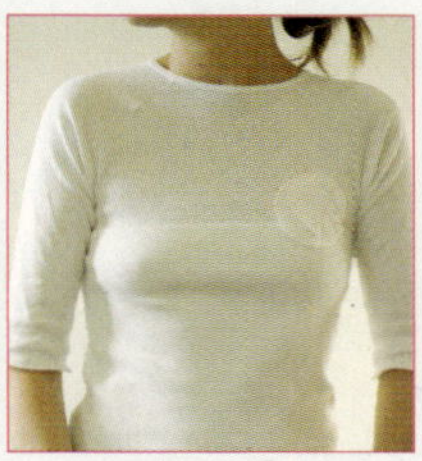

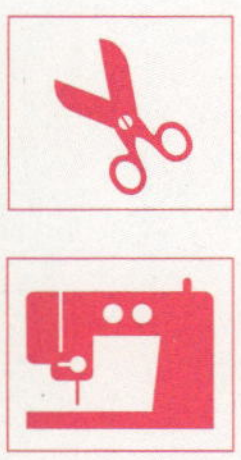

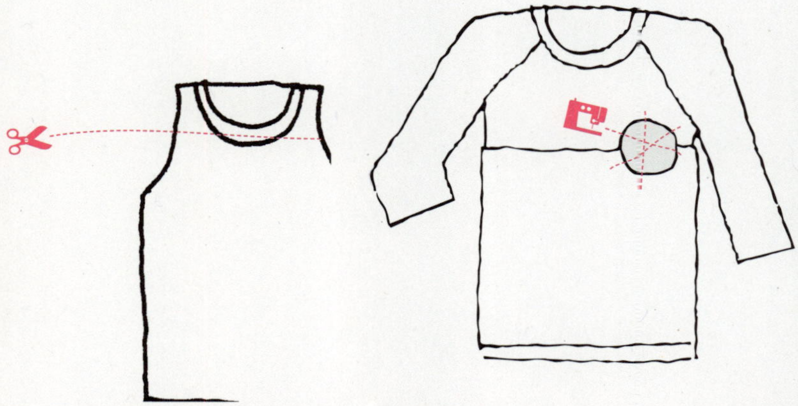

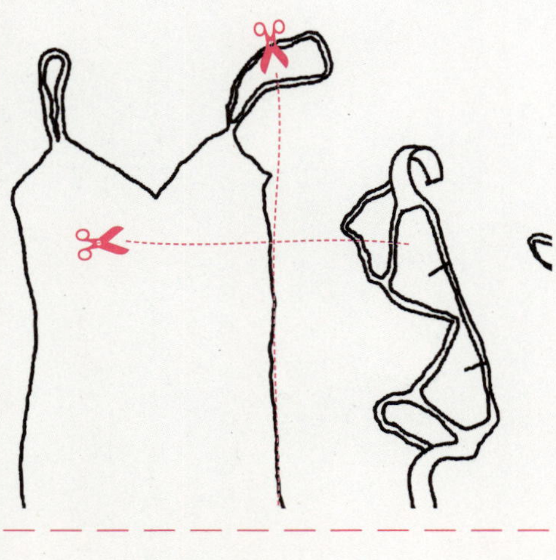

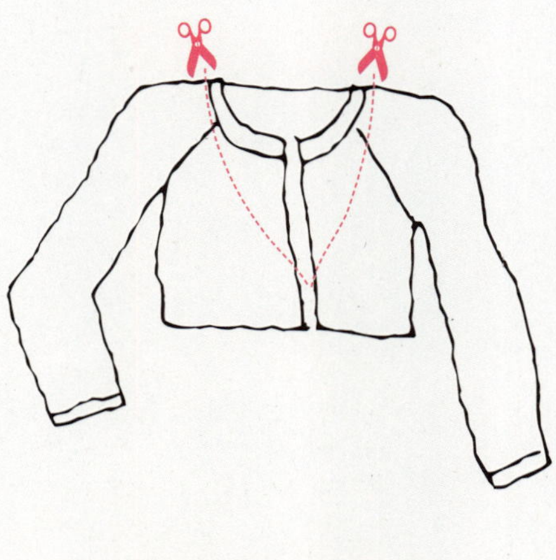

04 TASCHEN

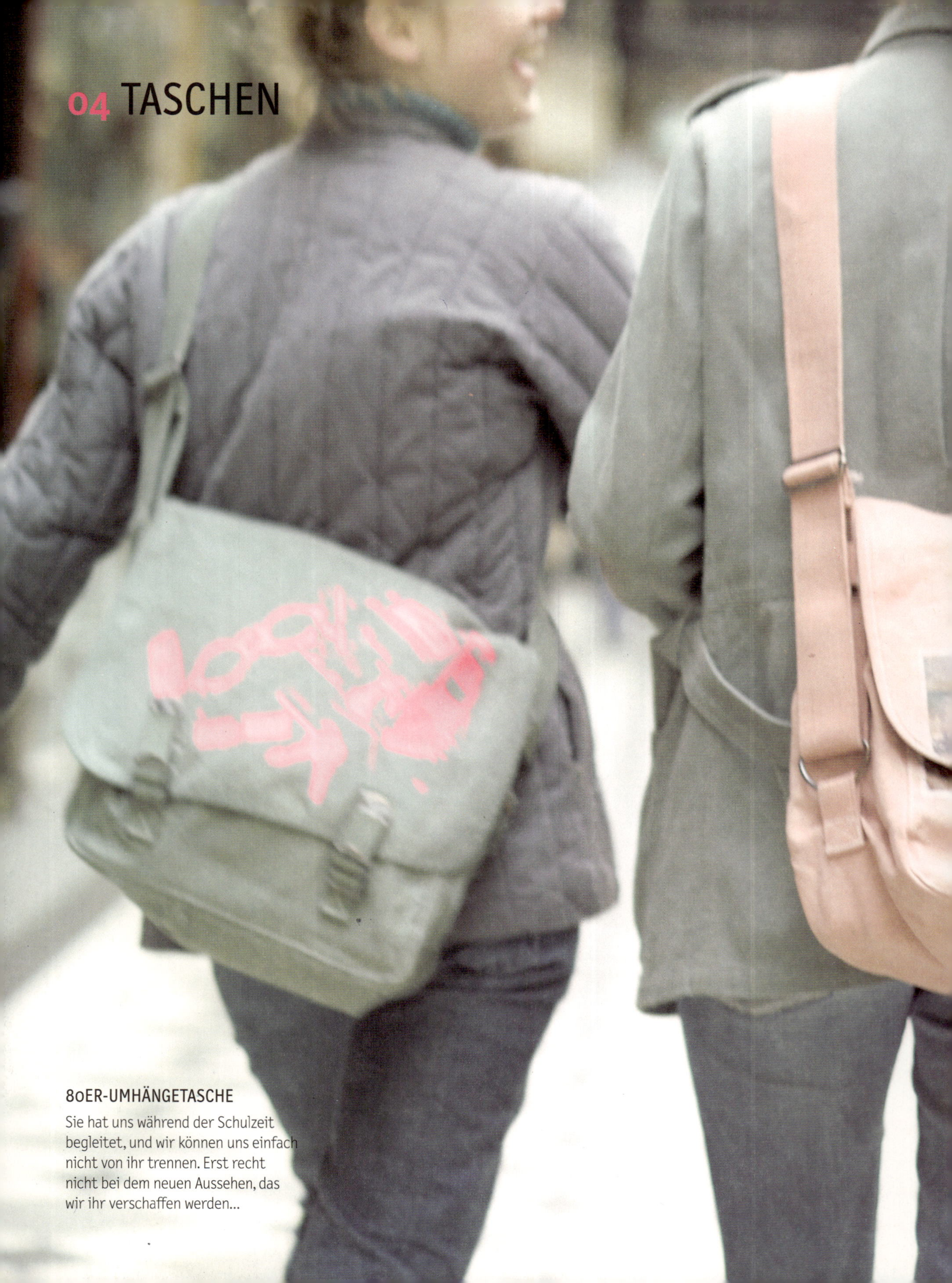

80ER-UMHÄNGETASCHE

Sie hat uns während der Schulzeit begleitet, und wir können uns einfach nicht von ihr trennen. Erst recht nicht bei dem neuen Aussehen, das wir ihr verschaffen werden…

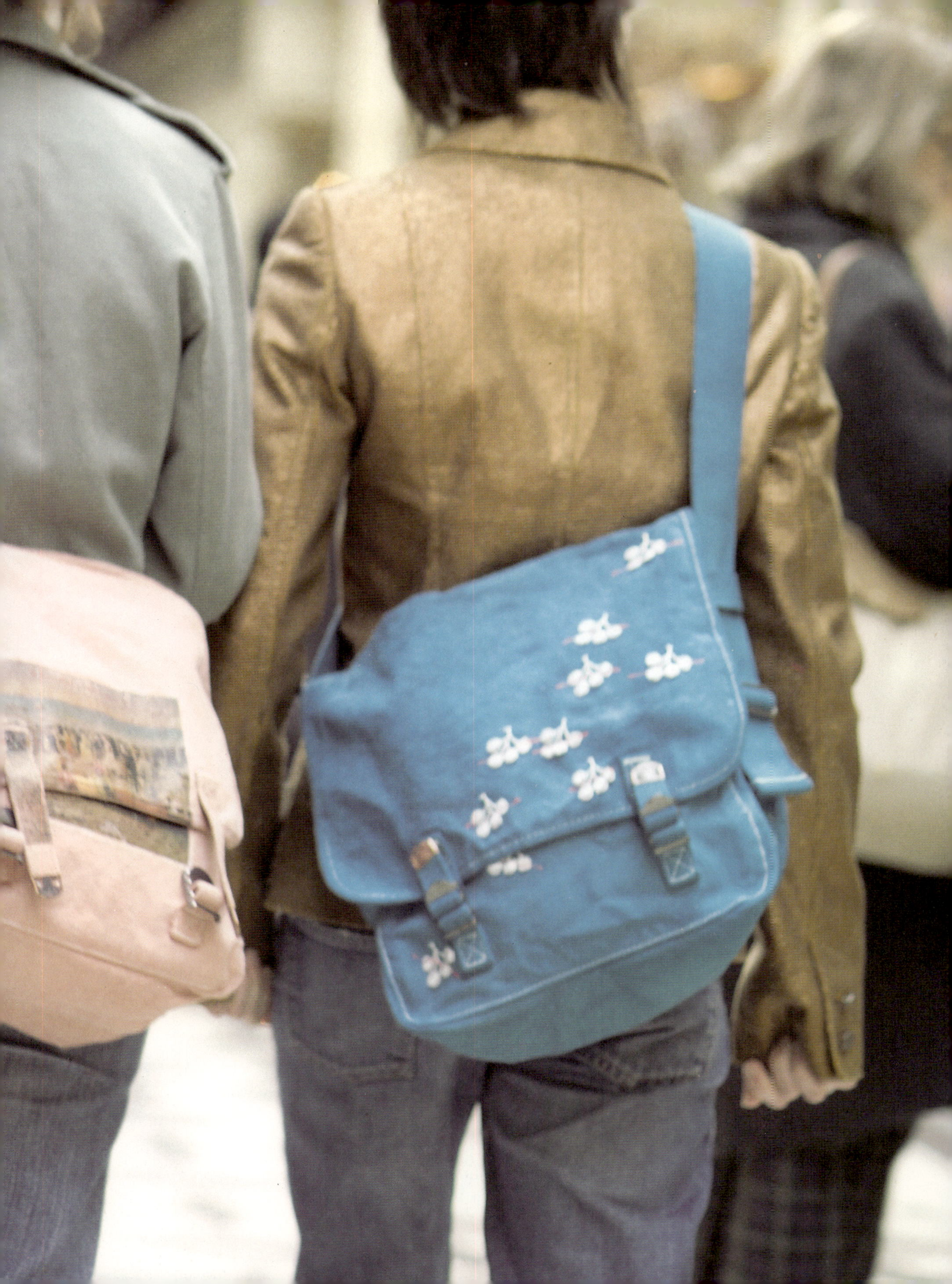

04 TASCHEN

A —
URLAUBSKARTE

- 1 UMHÄNGETASCHE
- 2 PACKUNGEN TEXTILFARBE: HIER BEIGE UND ROSA
- 1 PACKUNG IMAGE MAKER (DYLON)
- 1 FARB- ODER SCHWARZ-WEISS-BILD ZUM REPRODUZIEREN
- NUDELHOLZ
- SCHWAMM

Färben Sie die Tasche in der gewünschten Farbmischung; lassen Sie sie trocknen. Falls auf der Postkarte Text vorhanden ist, machen Sie eine spiegelverkehrte Fotokopie. Tragen Sie eine dicke Schicht Image Maker auf die Kopie auf. Legen Sie die Fotokopie mit der Bildseite nach unten auf die Tasche und rollen Sie mit dem Nudelholz darüber, damit das Mittel gut eindringt. Lassen Sie alles über Nacht ruhen. Weichen Sie das Papier mithilfe eines feuchten Schwamms auf, und ziehen Sie es ab. Feuchten Sie das Motiv erneut an, und reiben Sie leicht darüber, um Papierreste zu entfernen. Das Bild bleibt auf den Stoff gedruckt. Waschen Sie die Tasche nur von Hand. Nicht bügeln oder chemisch reinigen.

Schnelle Lösungen
- TRANSFER IN EINEM FACHGESCHÄFT
- TRANSFER ZU HAUSE MIT TRANSFERPAPIER

Nähere Informationen finden Sie auf der Technikseite.

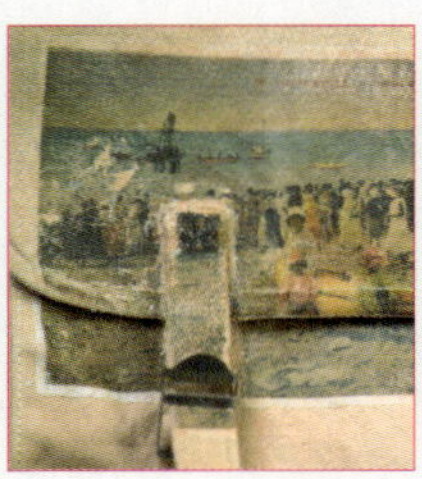

B —
SILBERFARBENE KIRSCHEN

- 1 UMHÄNGETASCHE
- TEXTILFARBE: HIER PFAUENBLAU
- 10 POSAMENTKIRSCHEN
- PINKFARBENES GARN

Färben Sie die Tasche, und lassen Sie sie trocknen.
Platzieren Sie die Posamentkirschen auf der Tasche, und fixieren Sie sie mit einer Stecknadel.
Nähen Sie mit der Maschine eine einfache Linie über jede Kirsche, um sie zu befestigen.

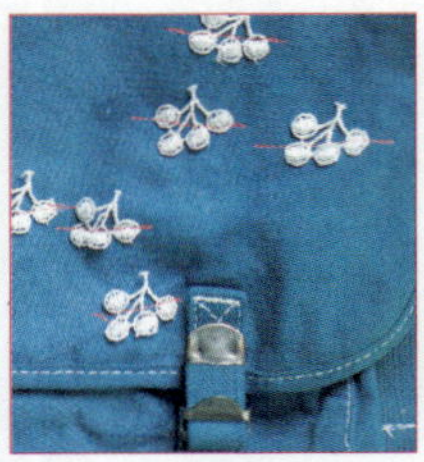

C —
»WAS HABE ICH IN MEINER TASCHE?«

- 1 UMHÄNGETASCHE
- TEXTILFARBE: HIER GRÜNGRAU

Färben Sie die Tasche, und lassen Sie sie trocknen. Scannen Sie das Motiv auf der gegenüberliegenden Seite, oder bringen Sie das Buch zusammen mit der Tasche in eine Textildruckerei. Lassen Sie das Motiv mit Neonbeflockung auf die Tasche aufbringen.

Originalgröße des Motivs: 20 x 26 cm

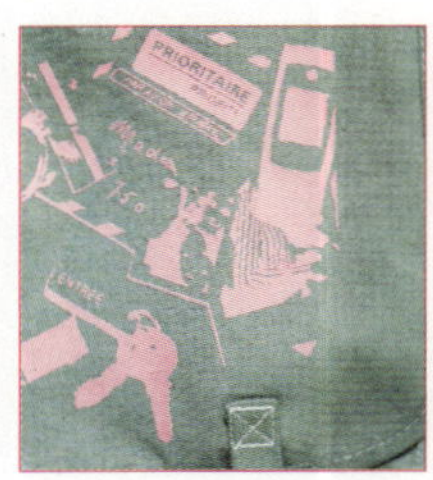

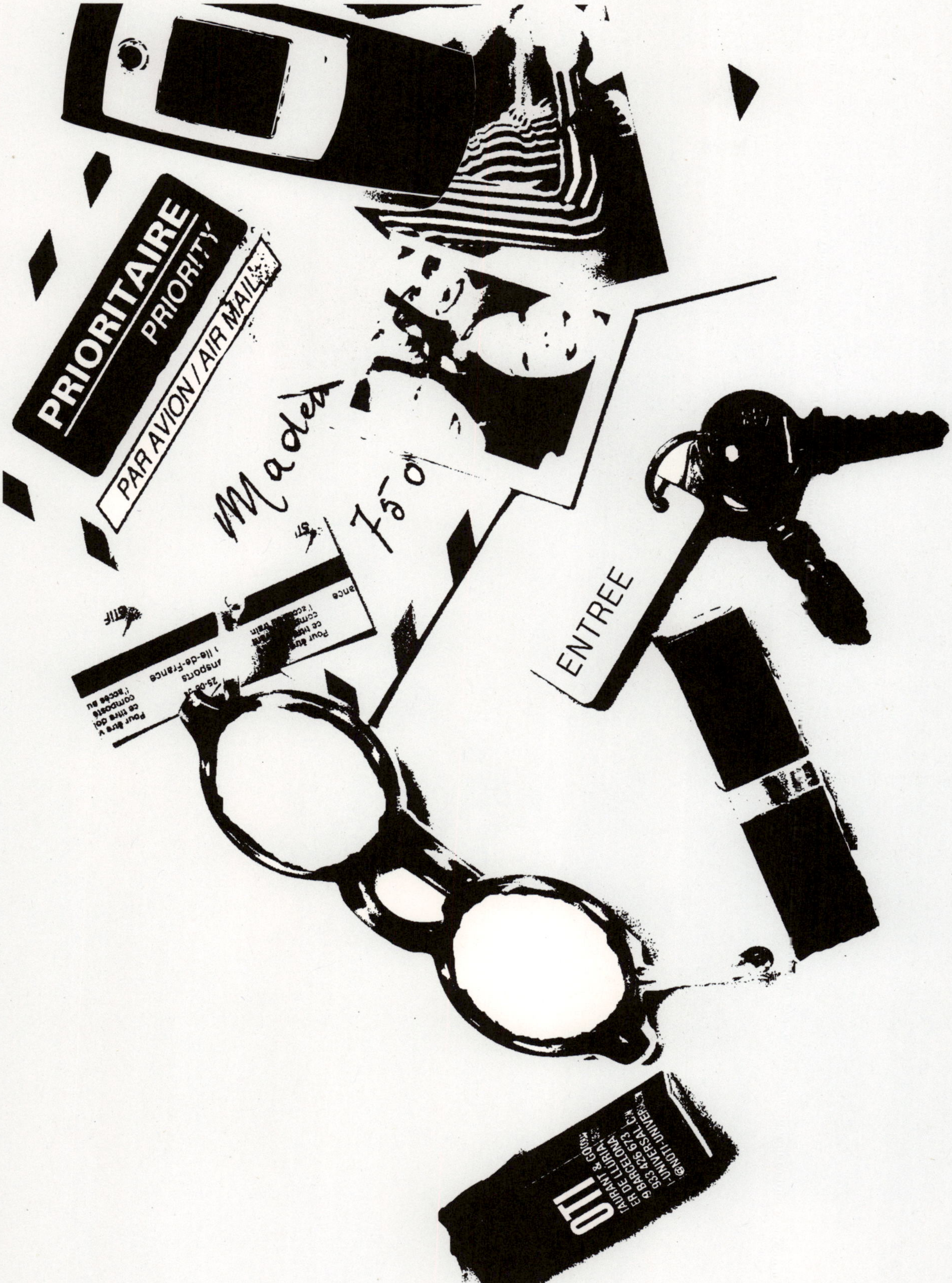
PRIORITAIRE
PRIORITY
PAR AVION / AIR MAIL
ENTREE

05 TISCHDECKEN & CO

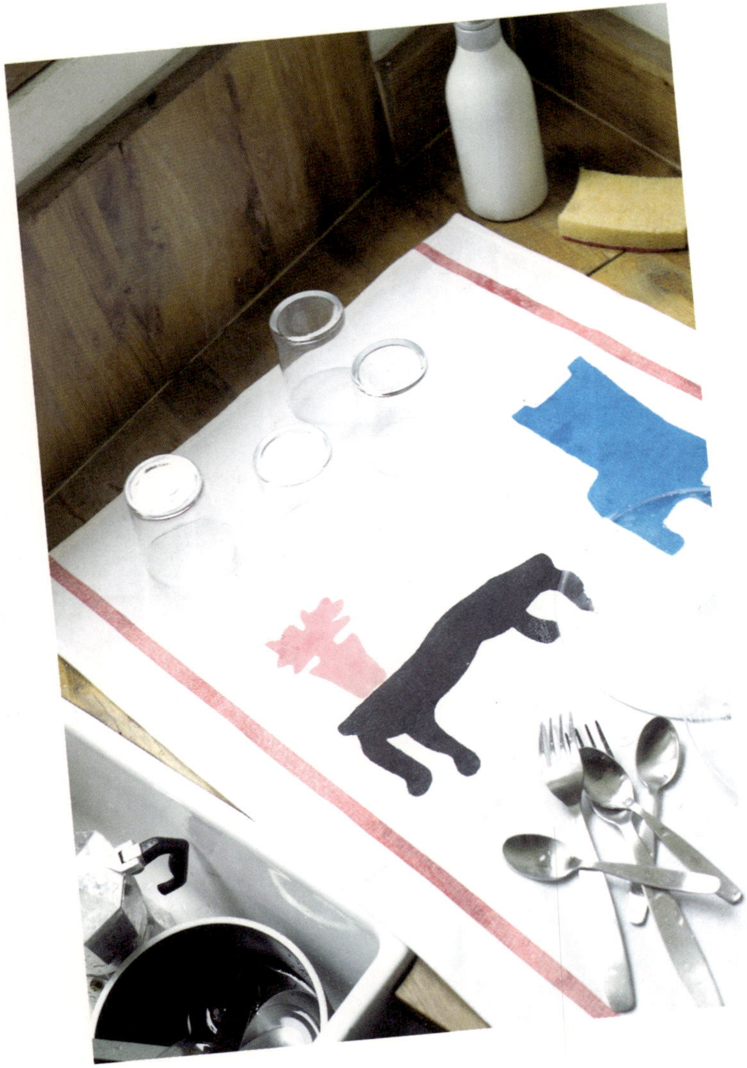

A—

GESCHIRRTUCH

Hauchen Sie dem Küchenklassiker mit hübschen Motiven neues Leben ein...

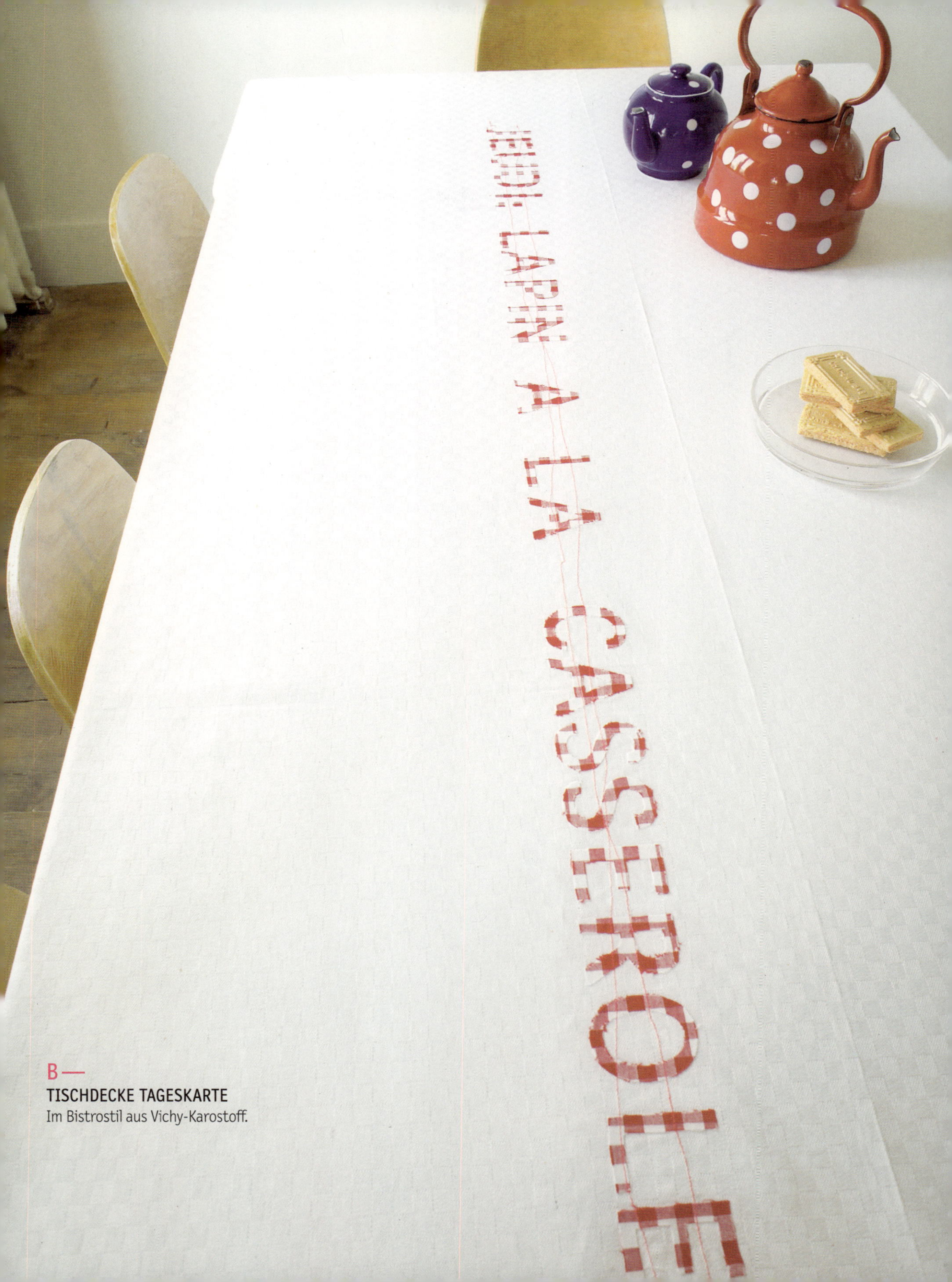

B —

TISCHDECKE TAGESKARTE

Im Bistrostil aus Vichy-Karostoff.

05 TISCHDECKEN & CO

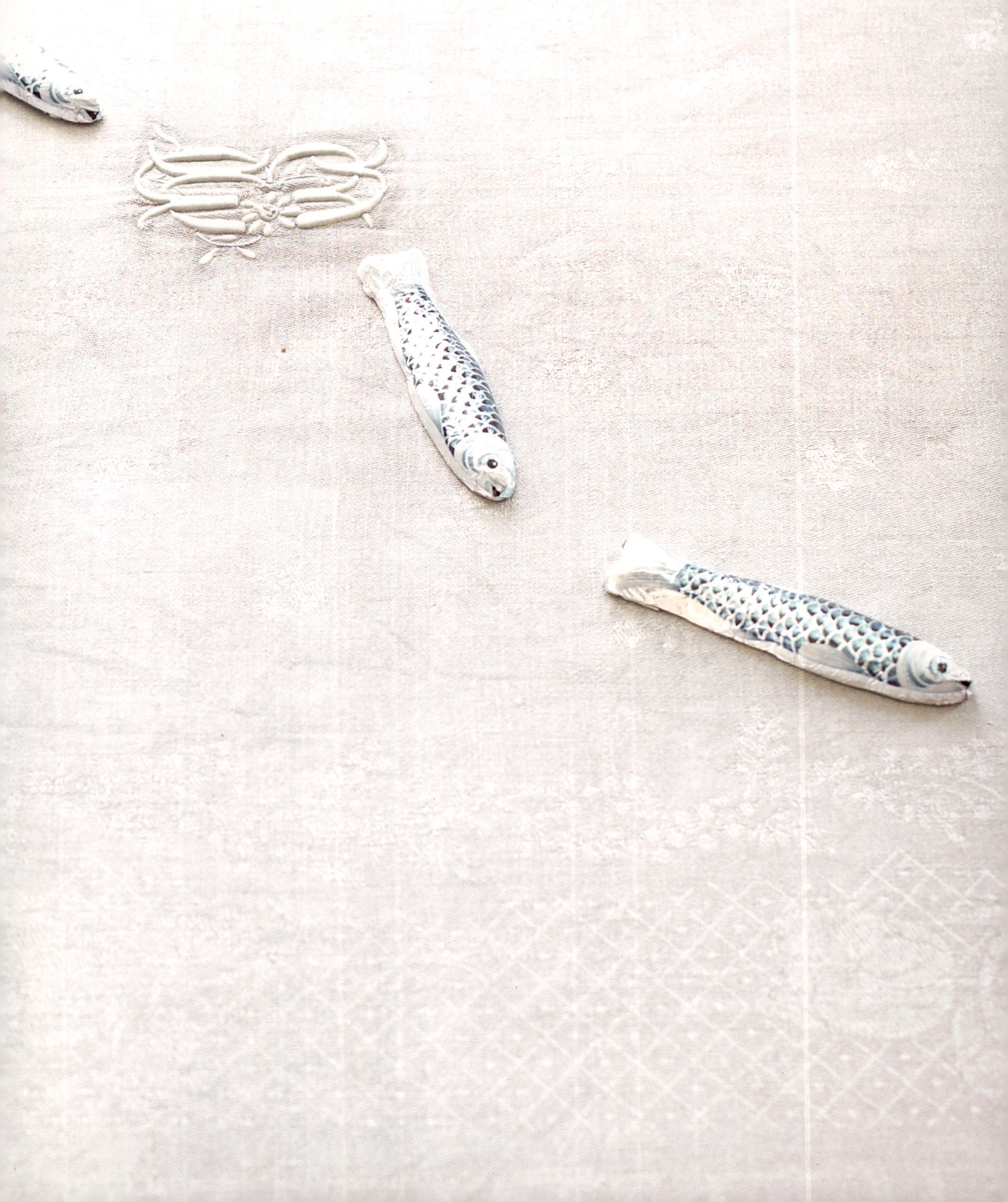

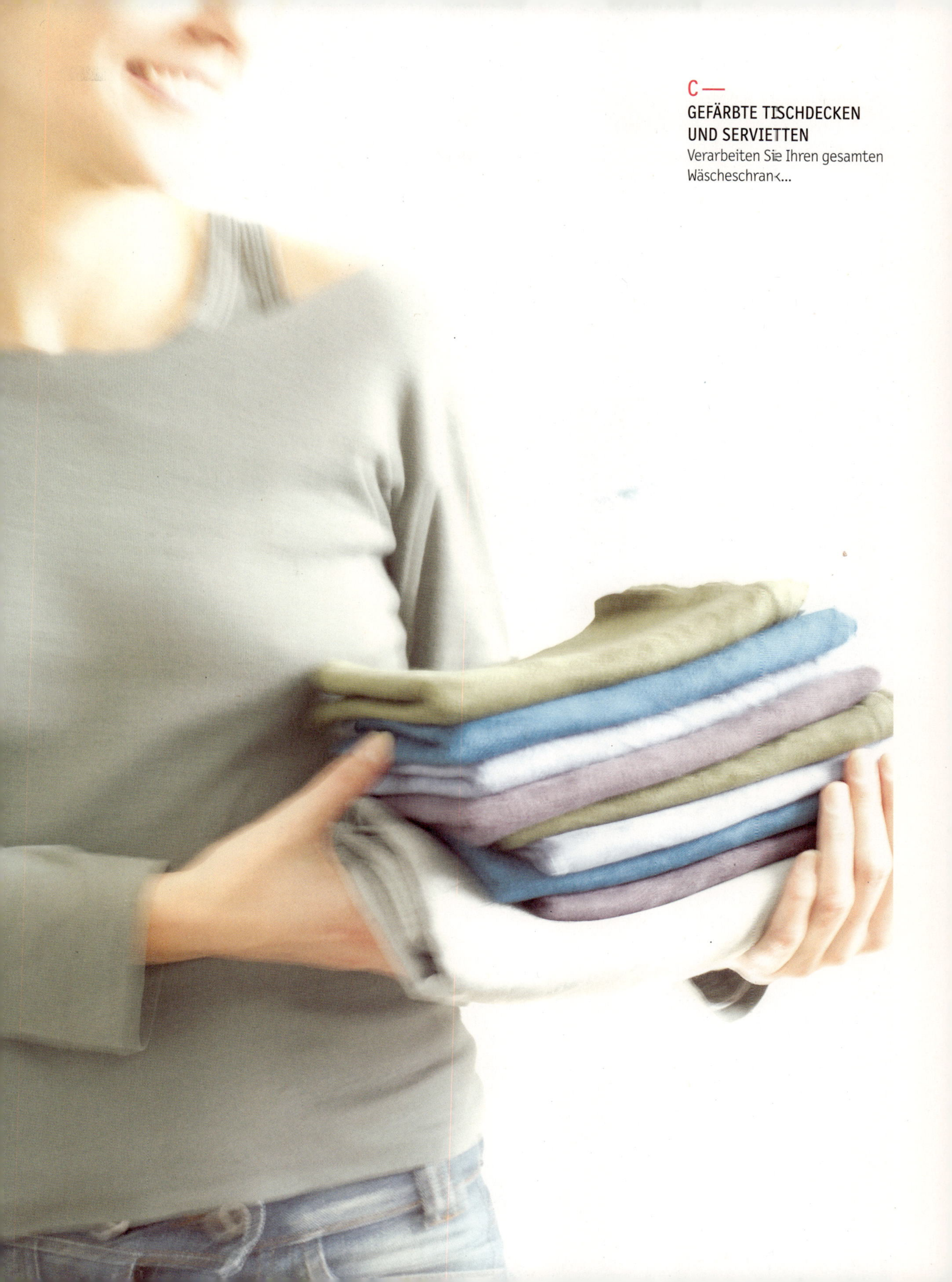

C —

GEFÄRBTE TISCHDECKEN UND SERVIETTEN

Verarbeiten Sie Ihren gesamten Wäscheschrank...

05 TISCHDECKEN

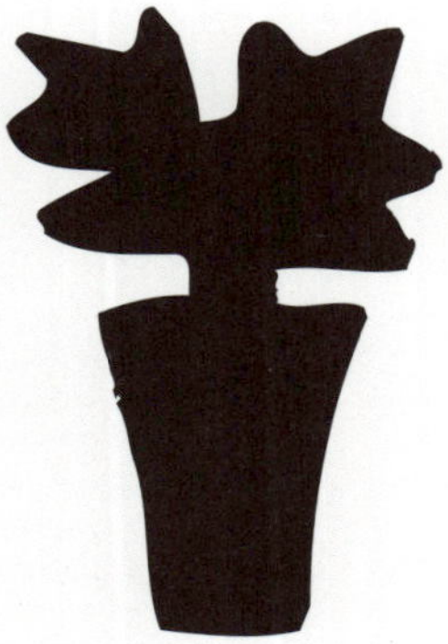

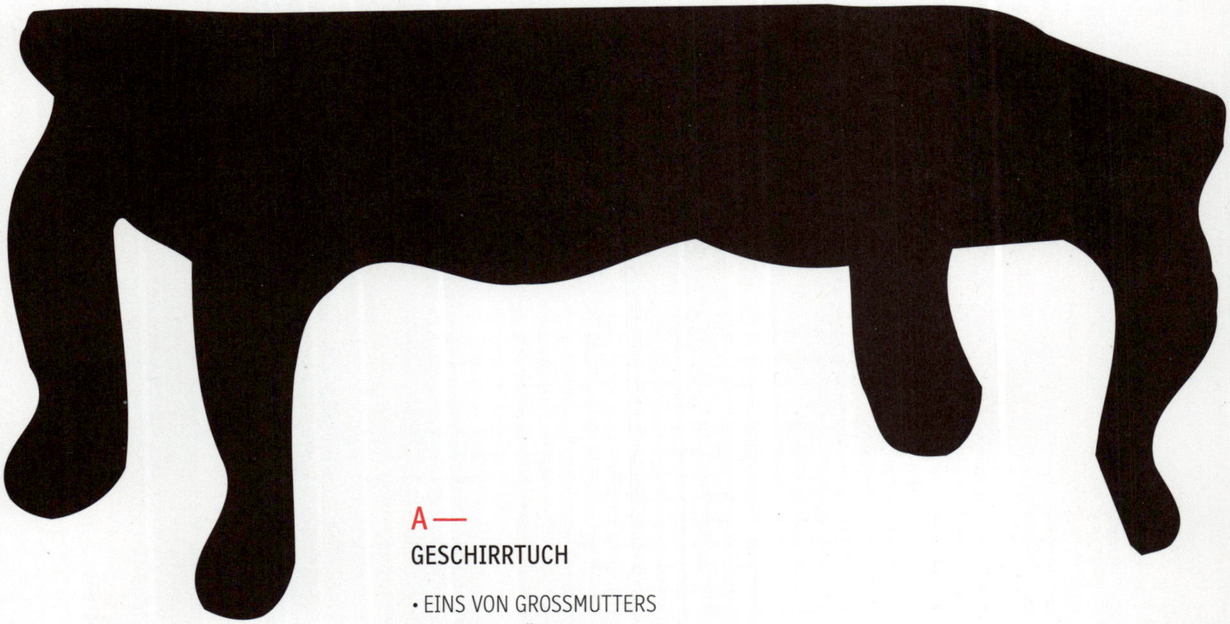

A —
GESCHIRRTUCH

- EINS VON GROSSMUTTERS GESCHIRRTÜCHERN
- TEXTILFARBE: HIER TÜRKIS, PINK UND SCHWARZ
- PAPPE FÜR DIE SCHABLONE
- SCHABLONIERPINSEL
- SPRÜHKLEBER
- TEPPICHMESSER
- KLEBEBAND
- BÜGELEISEN
- AUFKLEBER FÜR KINDER

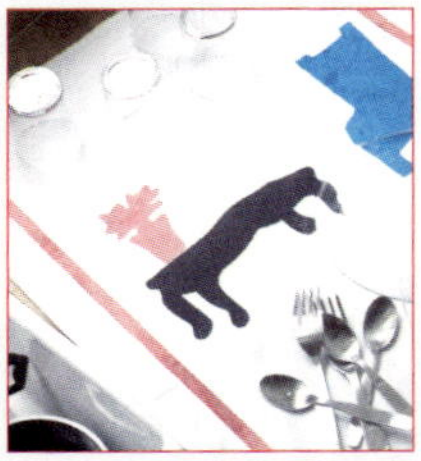

Fotokopieren Sie die nebenstehenden Motive, kleben Sie sie auf Pappe, und schneiden Sie sie mit dem Teppichmesser als Aussparungen aus.
Befestigen Sie die Pappe mit den Aussparungen mit Klebeband auf dem geglätteten Geschirrtuch. Tragen Sie die Textilfarbe mit einem Schablonierpinsel auf (siehe Anweisungen auf der Technikseite). Lassen Sie die Farbe trocknen, und fixieren Sie sie mit dem heißen Bügeleisen. Das Motiv ist nun maschinenwaschbar.
Die naiven Motive dieser Schablonen sind Aufklebern für Kinder von Kaori Souvignet nachempfunden, die bei Editions Lito erschienen sind.
Es gibt noch viele weitere Motive, die Sie nach Belieben verwenden können.

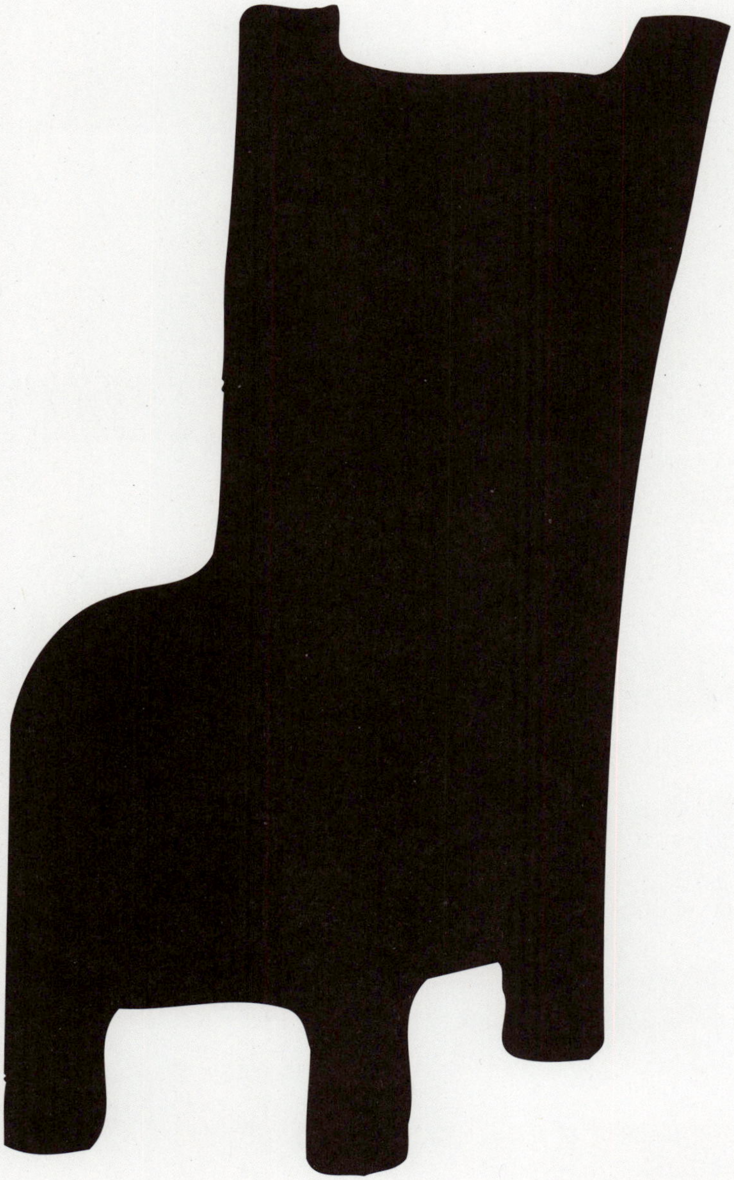

B—

GEFÄRBTE TISCHDECKEN UND SERVIETTEN

- EINE VON GROSSMUTTERS TISCHDECKEN
- ALTE TAFELSERVIETTEN
- WASCHECHTE TEXTILFARBE, PACKUNG ZU 250 G ODER 500 G, JE NACH GEWICHT. HIER GRÜNGRAU UND STAHLGRAU FÜR DIE TISCHDECKE, OLIVGRÜN, PFAUENBLAU UND PORZELLANBLAU FÜR DIE SERVIETTEN
- PRO FARBE 500 G GROBKÖRNIGES SALZ
- WASCHMASCHINE

Mithilfe der Farbe bringen wir unsere Tischwäsche wieder à jour und hauchen ihr neues Leben ein. Wenn die Servietten verschiedene Farben haben, umso besser. Wählen Sie die Farben nach Ihrem Geschmack aus (lassen Sie sich zum Beispiel von Ihrer Tapete oder von Ihrem neusten Kleid inspirieren). Nähere Anweisungen zum Färben finden Sie auf der Technikseite.

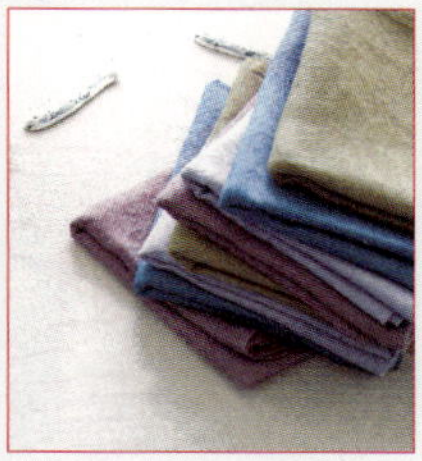

05 TISCHDECKEN

C —

TISCHDECKE TAGESKARTE

- TISCHDECKE IN DER GRÖSSE IHRES TISCHES
- 20 CM ROTER VICHY-KAROSTOFF
- 20 CM BEIDSEITIG KLEBENDE VLIESELINE
- PINKFARBENES GARN
- ABLÖSBARER SPRÜHKLEBER
- TEPPICHMESSER
- BÜGELEISEN
- PERGAMENTPAPIER

Fotokopieren Sie die nebenstehenden Buchstaben. Sprühen Sie die Rückseite des Papiers leicht mit Sprühkleber ein. Sprühen Sie eine der beiden Seiten der Vlieseline ebenfalls ein, und schichten Sie die Materialien in folgender Reihenfolge: Fotokopie + Vichy-Stoff + Vlieseline. Schneiden Sie die Buchstaben mit dem Teppichmesser aus. Ziehen Sie die Fotokopie vorsichtig ab. Ordnen Sie die Buchstaben auf der Tischdecke an, und richten Sie den Text dabei mittig auf der Tischdecke aus. Breiten Sie Pergamentpapier auf den Buchstaben aus, und bügeln Sie sie mit einem heißen Bügeleisen, um den Bügelstoff zu fixieren.
Drücken Sie das Bügeleisen fest auf, und achten Sie darauf, die Buchstaben nicht zu verschieben. Bringen Sie schließlich mit der Nähmaschine zwei unregelmäßige Steppnähte mit dem neonpinkfarbenen

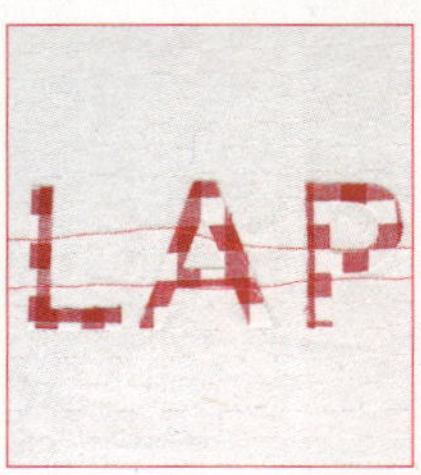

Garn an. Sie können die Tischdecke bei 40° C in der Maschine waschen.

Buchstabenhöhe: 6 cm

JEUDI

LAPIN

A LA
CASSE
ROLE

A—
GLAMOUR-BETTWÄSCHE
Bekennen Sie Farbe!

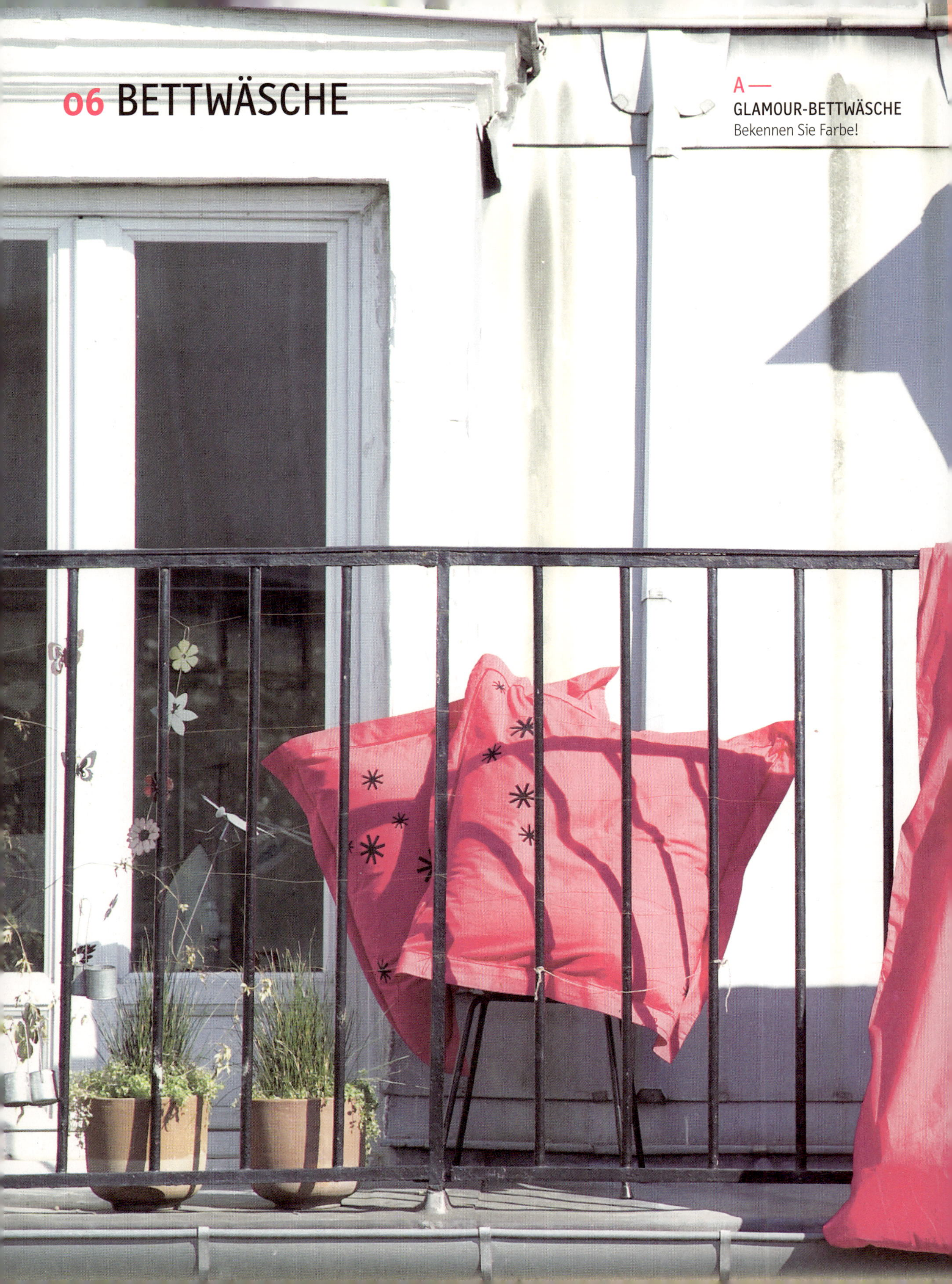

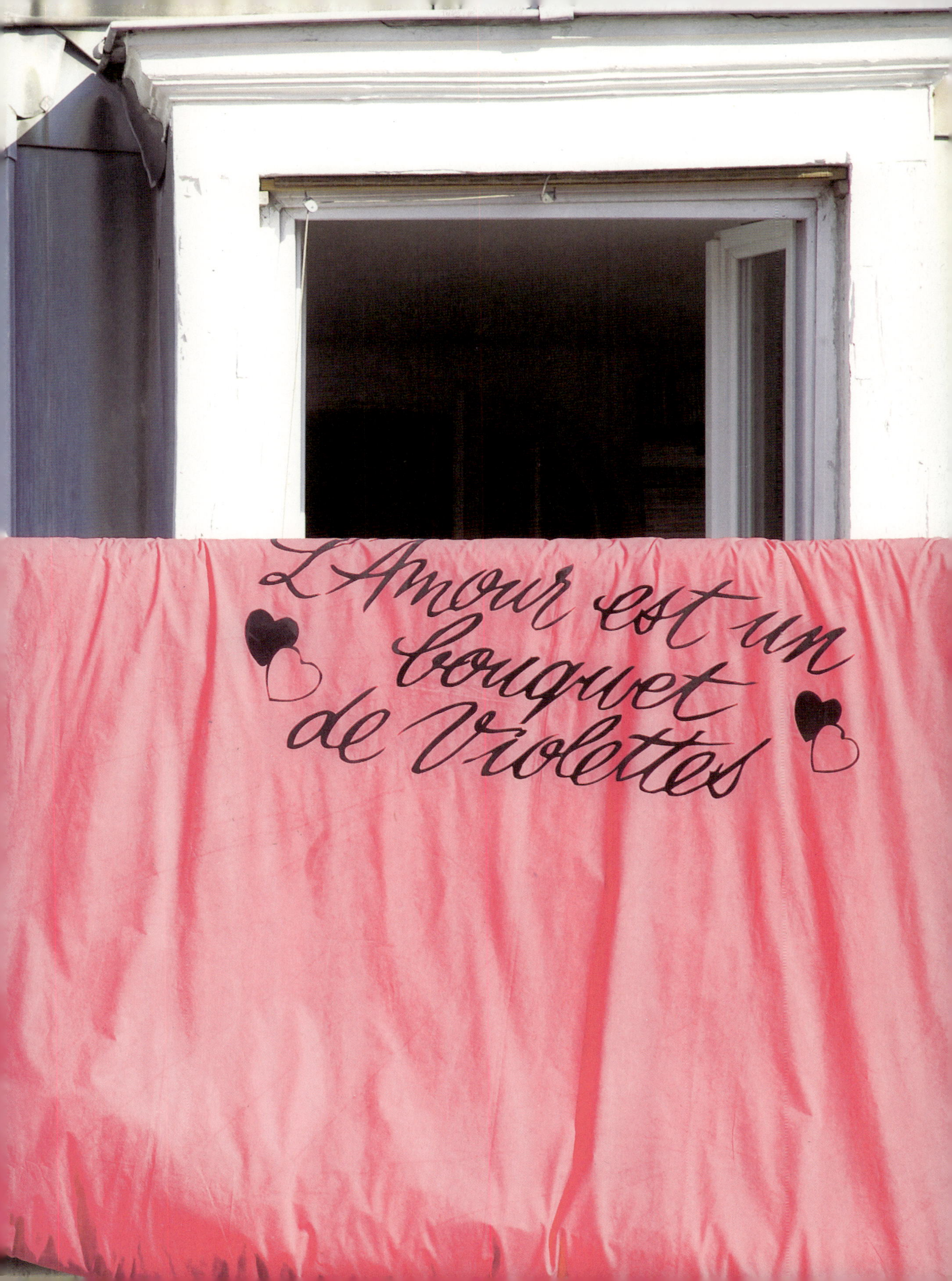
L'Amour est un
bouquet
de Violettes

06 BETTWÄSCHE

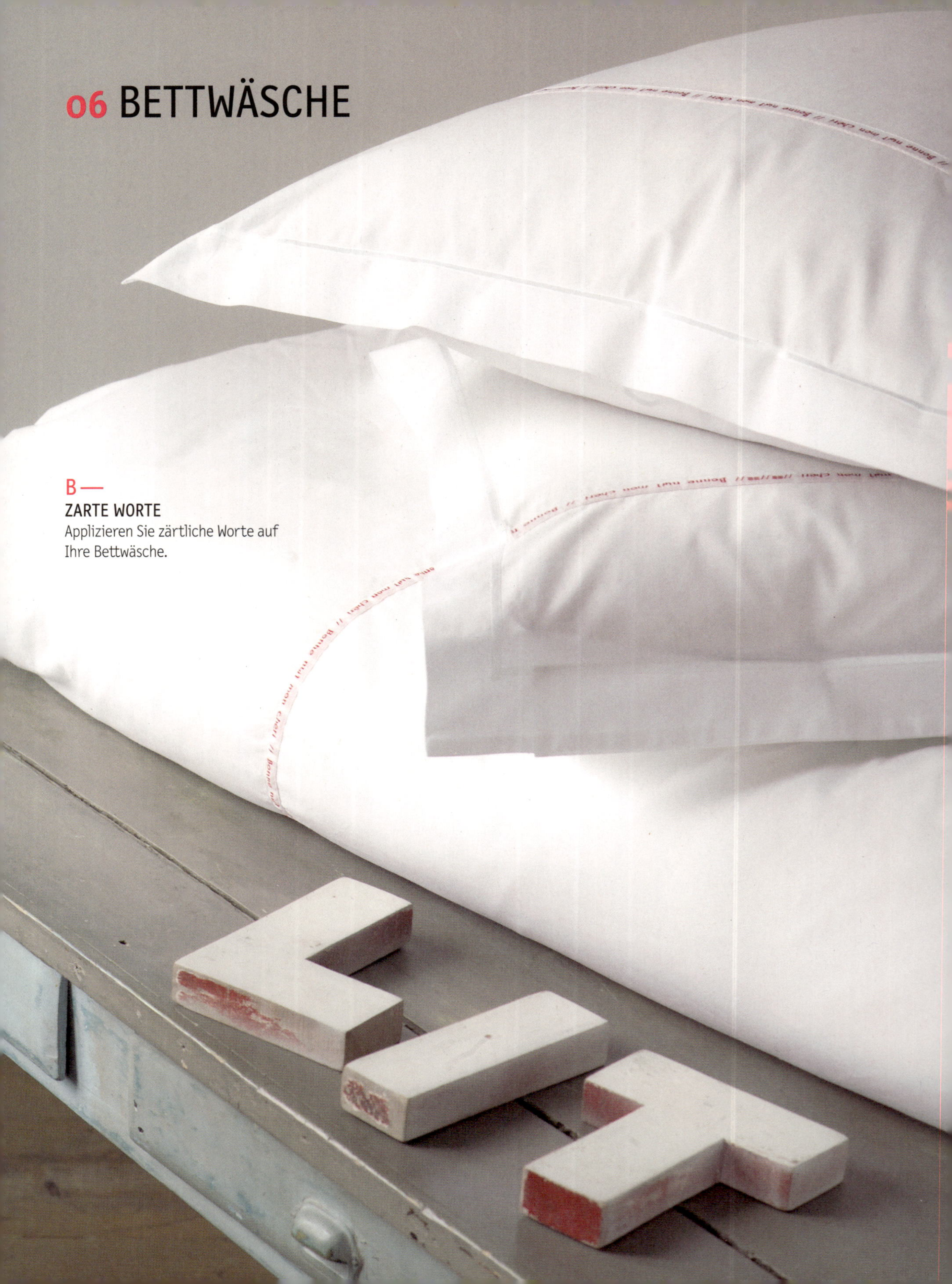

B —

ZARTE WORTE

Applizieren Sie zärtliche Worte auf Ihre Bettwäsche.

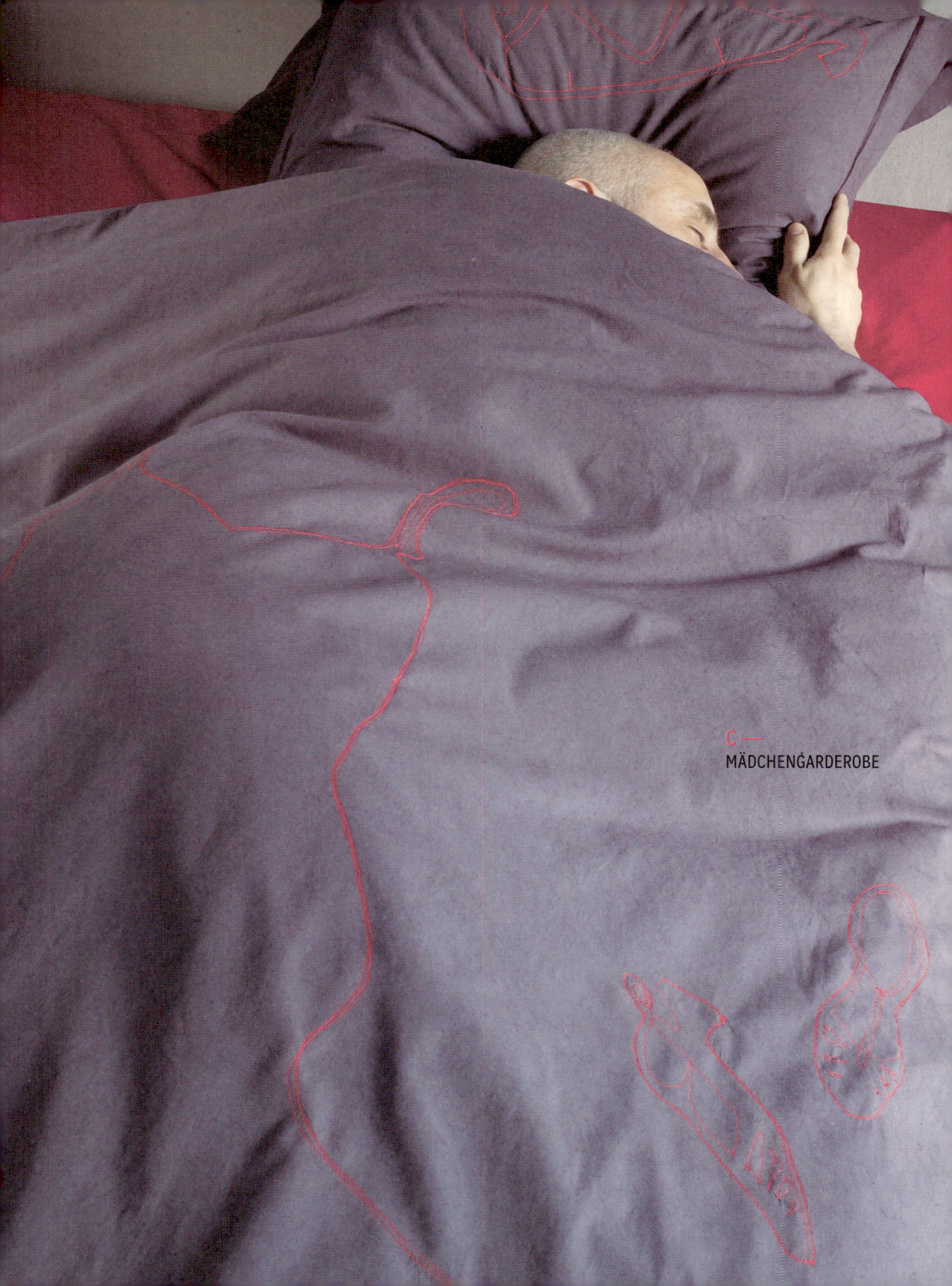

C —

MÄDCHENGARDEROBE

06 BETTWÄSCHE

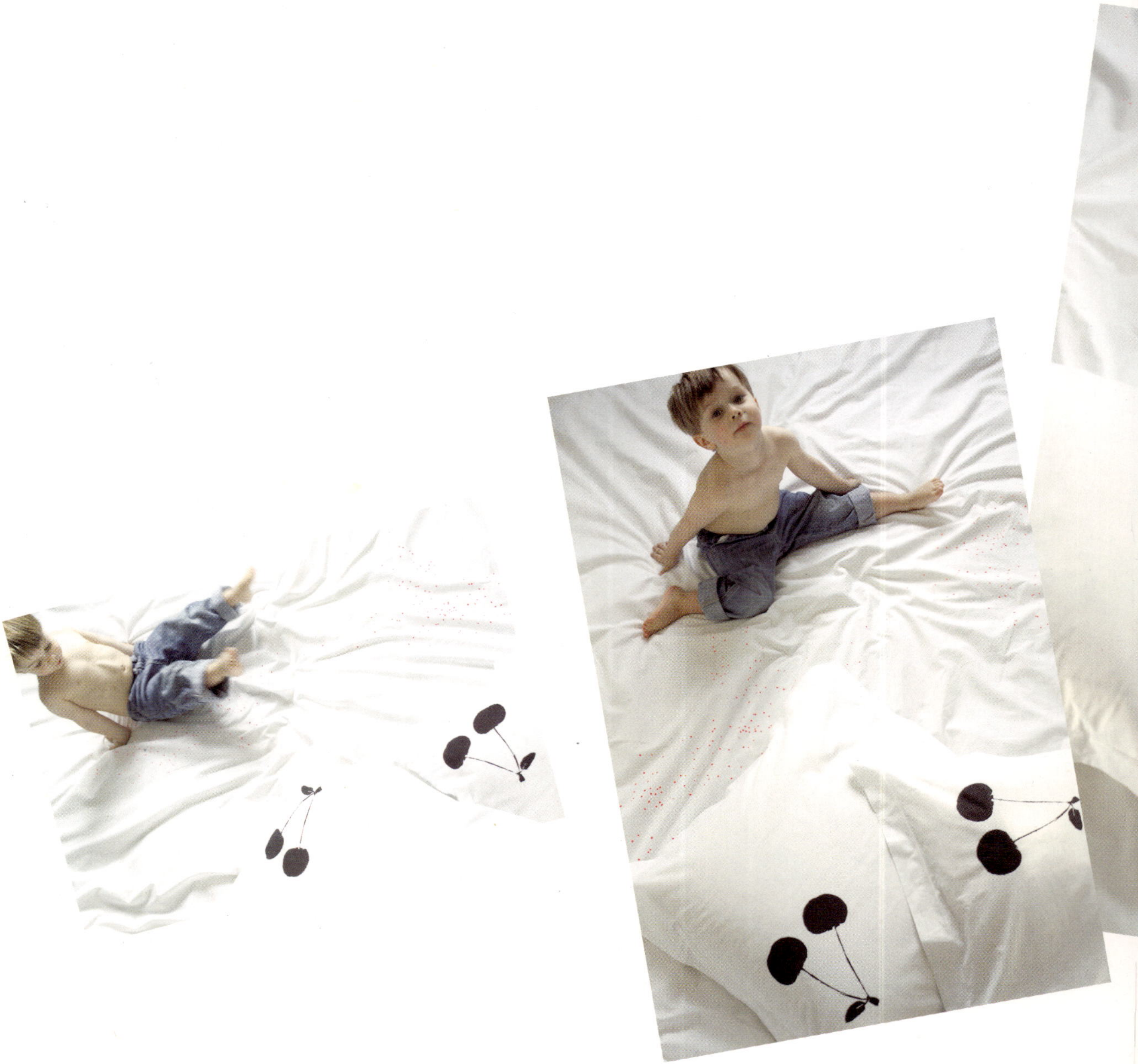

D—

SCHABLONIERTE KIRSCHEN...

und ein Regen aus kleinen neonfarbenen Punkten

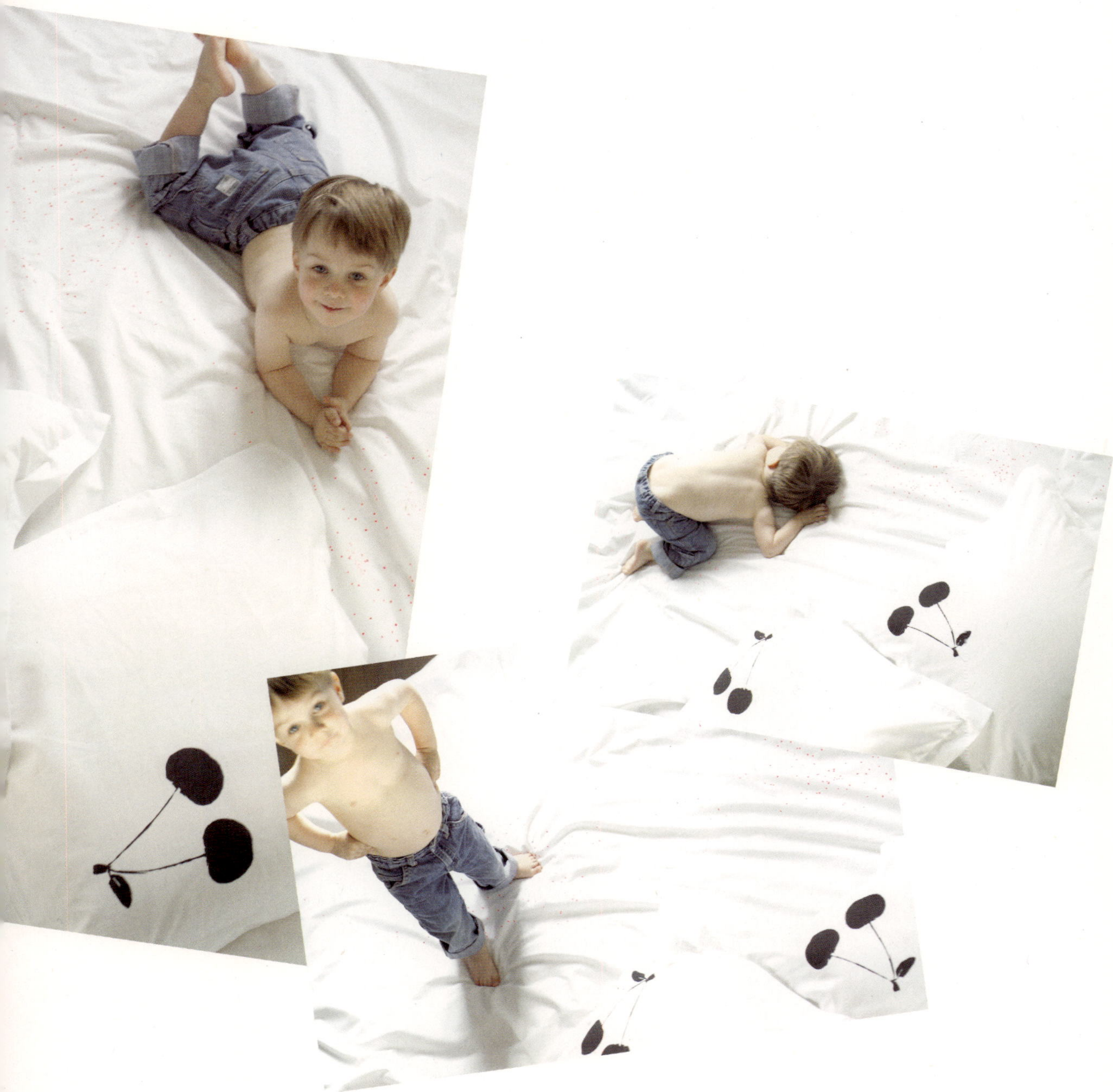

06 BETTWÄSCHE

LASSEN SIE VOR BEGINN DEN BETTBEZUG UND DIE BEIDEN KISSENHÜLLEN UNBEDINGT ÜBER NACHT IN KALTEM WASSER EINWEICHEN, UND WASCHEN SIE SIE ANSCHLIESSEND IN DER MASCHINE, DAMIT DER STOFF NACH DER BEARBEITUNG BEIM WASCHEN NICHT EINGEHT.

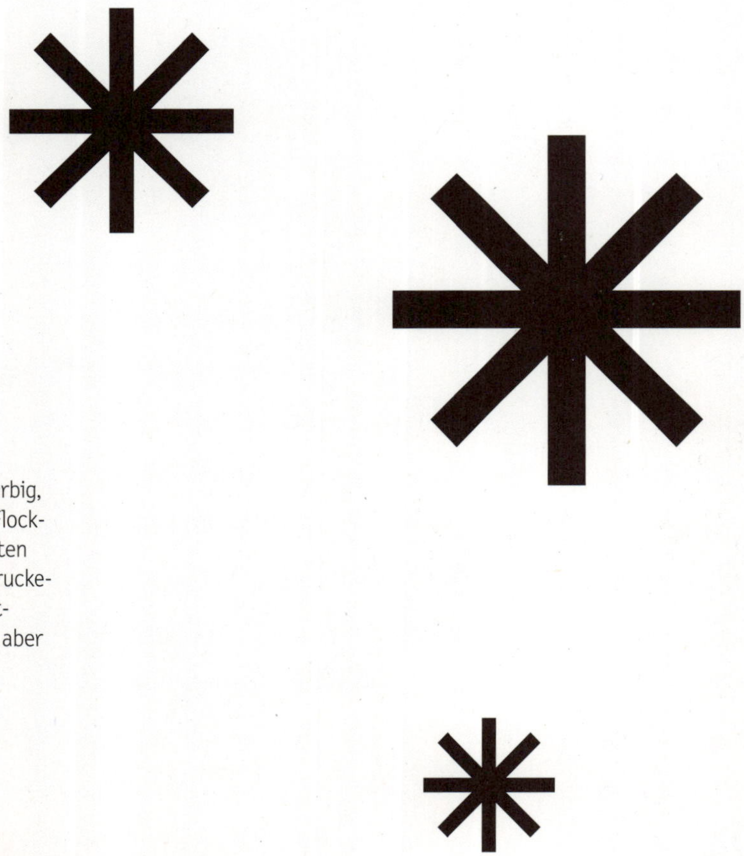

A—
GLAMOUR

- SCHRIFTMOTIV UND STERNE
- 1 BETTBEZUG UND 2 KISSENHÜLLEN IN WEISS
- TEXTILFARBE: HIER FUCHSIE

Färben Sie die Bettwäsche fuchsienfarbig, und lassen Sie sie trocknen. Für den Flockdruck fotokopieren Sie die gewünschten Motive und lassen sie in einer Textildruckerei drucken. Zur Information: Die Bettwäsche ist maschinenwaschbar, muss aber von links gebügelt werden.

Größe des Schriftzuges: 1 m breit
Größe der Sterne: max. 10 cm

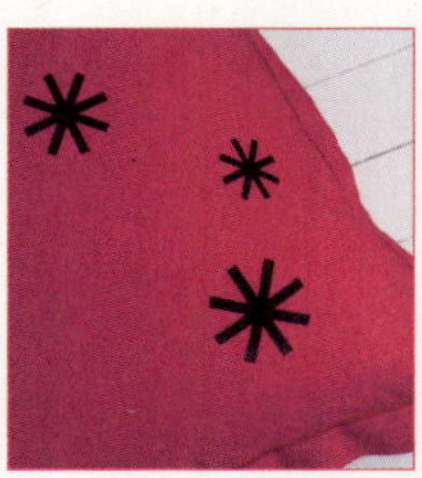

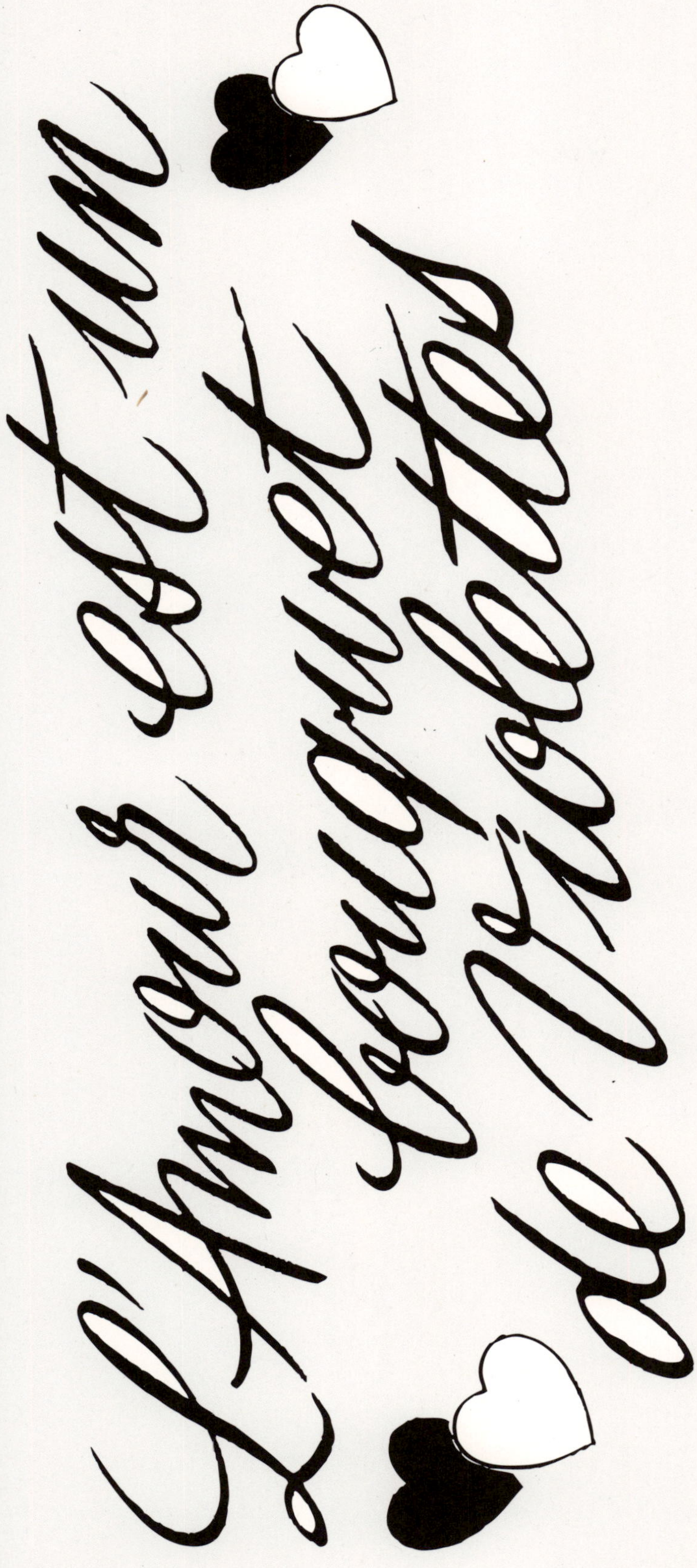

B—

ZARTE WORTE

- 4 METER GEWEBTES BÜGELBAND FÜR NAMENSBESCHRIFTUNGEN
- 1 BETTBEZUG UND 2 KISSENHÜLLEN IN WEISS
- NÄHMASCHINE
- BÜGELEISEN

Lassen Sie im Kurzwarengeschäft ein gewebtes Namensband mit einer witzigen persönlichen Botschaft anfertigen, zum Beispiel »Gute Nacht mein Schatz«. Bügeln Sie den Bettbezug und die beiden Kissenhüllen, und legen Sie sie glatt auf einen Tisch. Platzieren Sie das Band ca. 80 cm vom äußeren Rand entfernt über die gesamte Länge des Bezugs. Fixieren Sie das Band mit einem Bügeleisen auf niedriger Temperaturstufe. Verwenden Sie dabei ein Bügeltuch. Platzieren Sie das Band auf dieselbe Weise auf den beiden Kissenhüllen, einmal senkrecht und einmal waagrecht. Achten Sie darauf, das Band versetzt zur Mitte zu platzieren. Bügeln Sie das Band auf die gleiche Art auf. Steppen Sie mit der Maschine entlang dem oberen und dem unteren Rand des Bands.

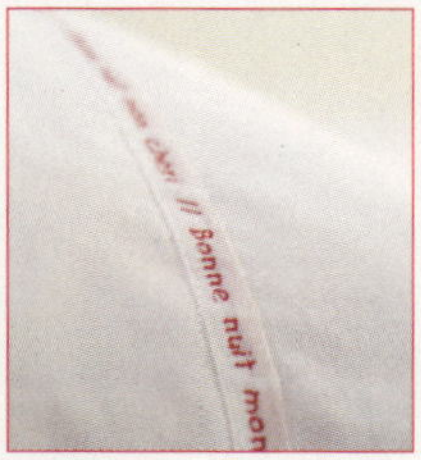

06 BETTWÄSCHE

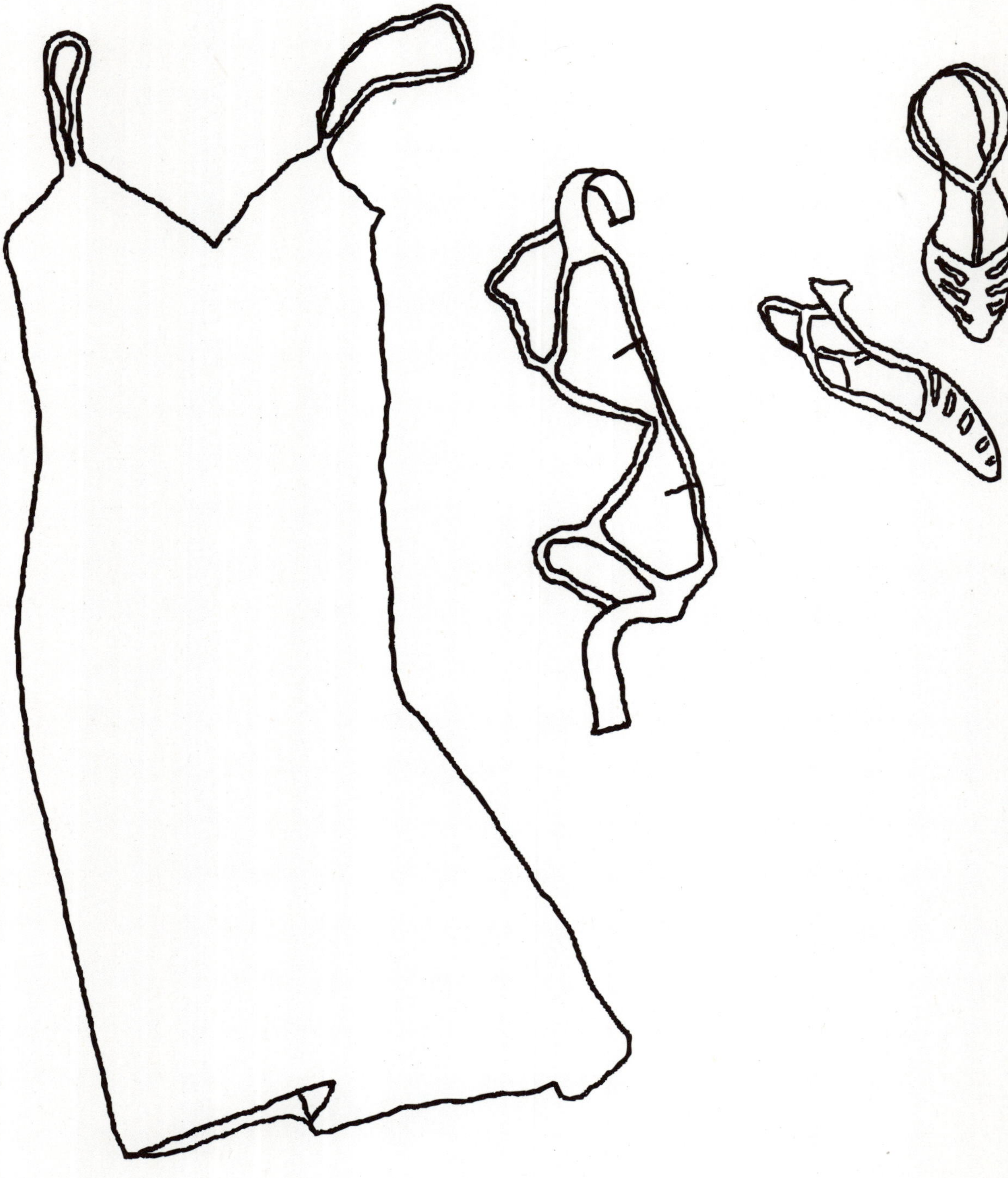

C—

MÄDCHENGARDEROBE

- 1 BETTBEZUG UND 2 KISSENHÜLLEN IN WEISS
- TEXTILFARBE: HIER STAHLGRAU
- TEXTILPAUSPAPIER
- KOPIERRÄDCHEN
- PINKFARBENES GARN
- NÄHMASCHINE

Lesen Sie bezüglich des Färbevorgangs die Anweisungen zu den Techniken am Anfang dieses Buches. Fotokopieren Sie die nebenstehenden Motive. Wählen Sie ein Kopiergeschäft mit Spezialisierung auf Großformatkopien. Lassen Sie einen Abzug der Motive in der gewünschten Größe machen.
Platzieren Sie die Motive auf dem Bettbezug, und legen Sie einen Bogen Textilpauspapier mit der färbenden Seite nach unten (Stoff) dazwischen. Fahren Sie mit dem Kopierrädchen die Linien des Motivs nach. Statt des Rädchens können Sie auch einen Stift verwenden: Stechen Sie in diesem Fall kleine Löcher entlang den Linien des Motivs.
Nehmen Sie die Fotokopie und das Pauspapier ab. Steppen Sie die Motive mit der Nähmaschine und pinkfarbenem Garn nach. Um die Konturen etwas dicker zu machen, steppen Sie die Linen noch zweimal nach, wobei die Nähte gerne etwas ungenau werden können.
Wiederholen Sie diesen Vorgang für alle Motive.

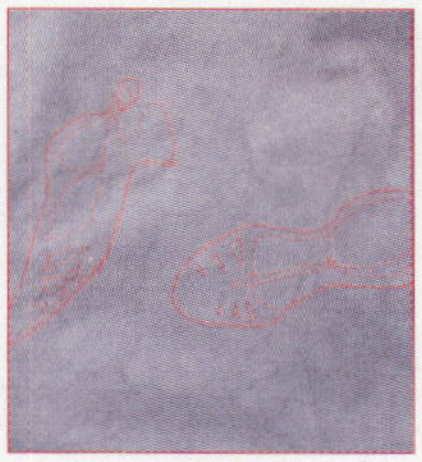

D—

KIRSCHEN

- 1 BETTBEZUG UND 2 KISSENHÜLLEN IN WEISS
- 2 FLÄSCHCHEN TEXTILFARBE: HIER PINK UND SCHWARZ
- STOFFMALSTIFT
- SCHABLONIERPINSEL ODER MALERSCHWAMM
- ABLÖSBARER SPRÜHKLEBER
- KLEBEBAND
- BÜGELEISEN

Bügeln Sie den Bettbezug und die Kissenhüllen sorgfältig. Fotokopieren Sie das Kirschenmotiv (aus dem Kissenhüllenprojekt), und kleben Sie es mit dem ablösbaren Kleber auf eine Papp- oder weiche Kunststoffunterlage. Schneiden Sie das Motiv aus. Platzieren Sie es auf einer Kissenhülle, und fixieren Sie es mit Klebeband. Malen Sie das Motiv durch leichtes Tupfen mit Textilfarbe aus, ohne den Pinsel oder Schwamm dabei zu sehr mit Farbe zu tränken. Nehmen Sie die Schablone ab, bevor das Motiv vollständig getrocknet ist. Wiederholen Sie den Vorgang für die zweite Kissenhülle. Lassen Sie die Farbe gut trocknen, und fixieren Sie das Motiv anschließend mit einem heißen Bügeleisen. Verwenden Sie dabei ein Bügeltuch. Sie können die Bettwäsche anschließend in der Maschine waschen.
Zeichnen Sie auf dem Bettbezug mit dem Textilstift kleine frei angeordnete Punkte. Häufen Sie die Punkte am unteren Ende des Bezugs an, und vergrößern Sie den Abstand, je weiter Sie nach oben gelangen.

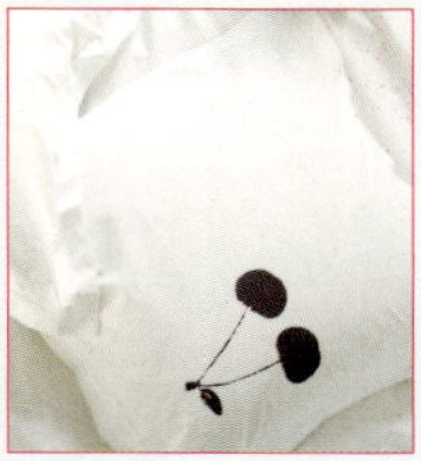

07 JACKEN

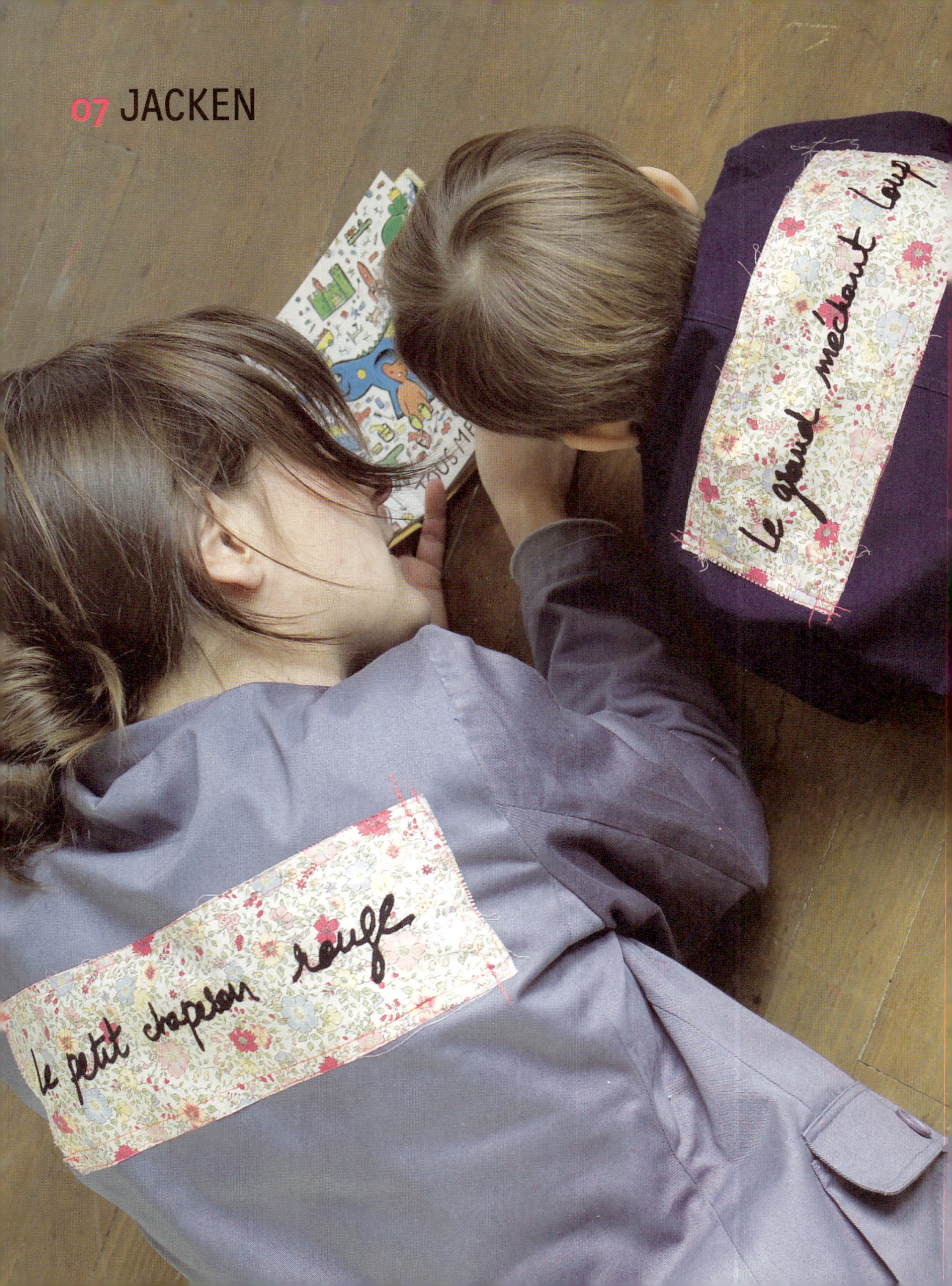

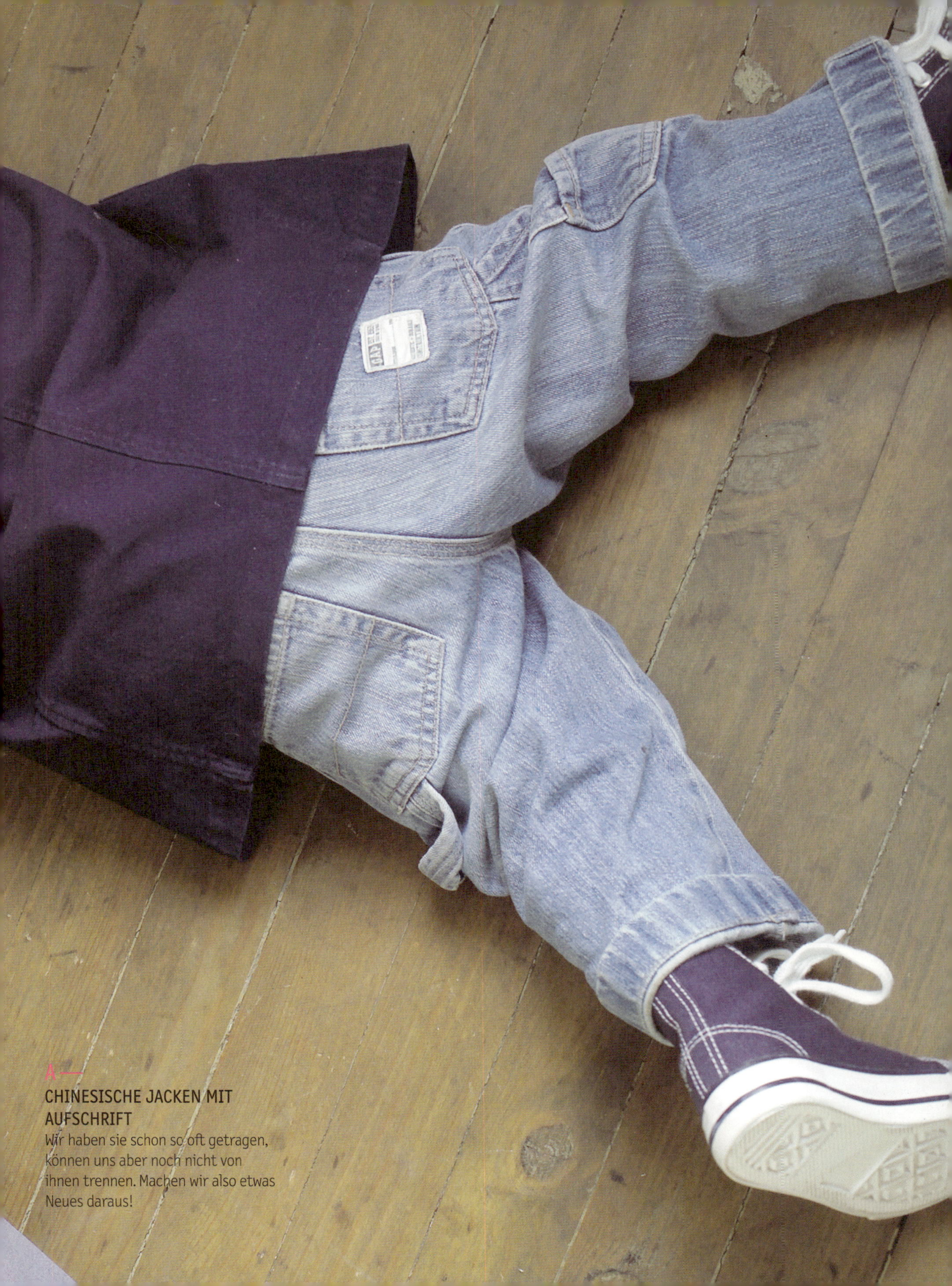

A—

CHINESISCHE JACKEN MIT AUFSCHRIFT

Wir haben sie schon so oft getragen, können uns aber noch nicht von ihnen trennen. Machen wir also etwas Neues daraus!

07 JACKEN

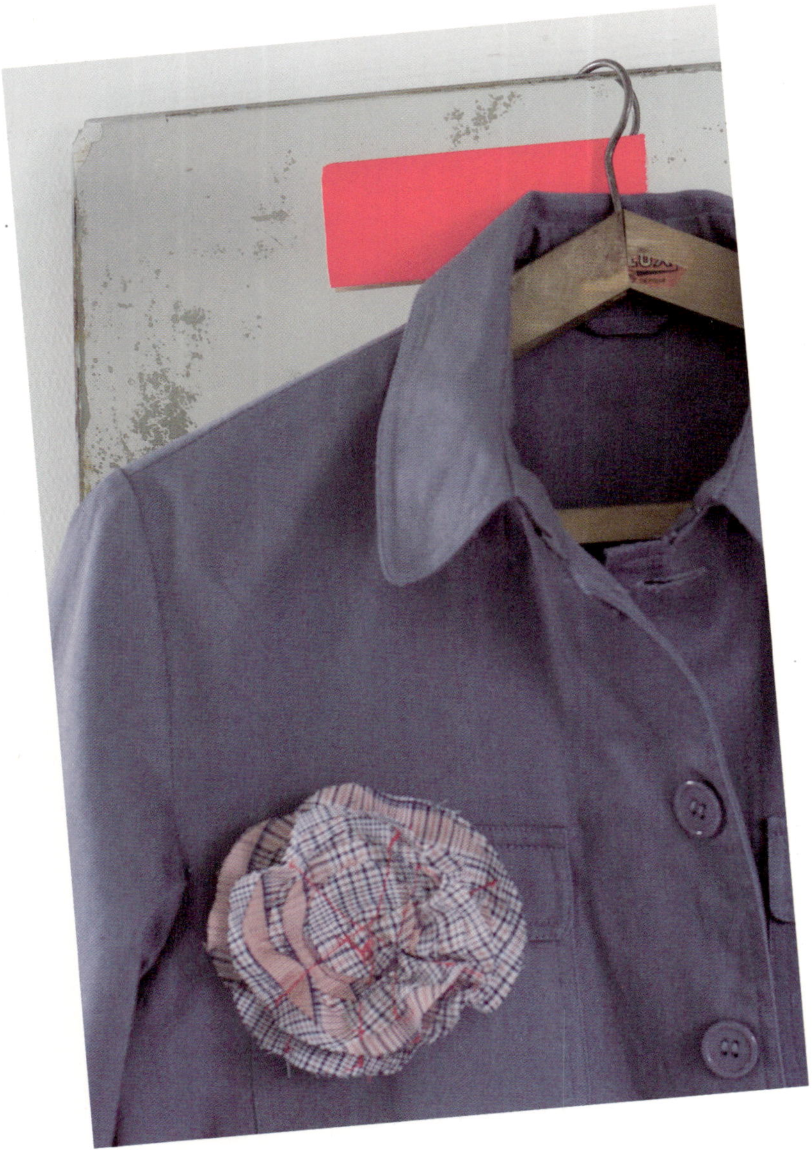

B —

BLUMENANSTECKER

Dieses obligatorische Stück Karo-Baumwollstoff soll letztendlich doch zu Höherem berufen sein.

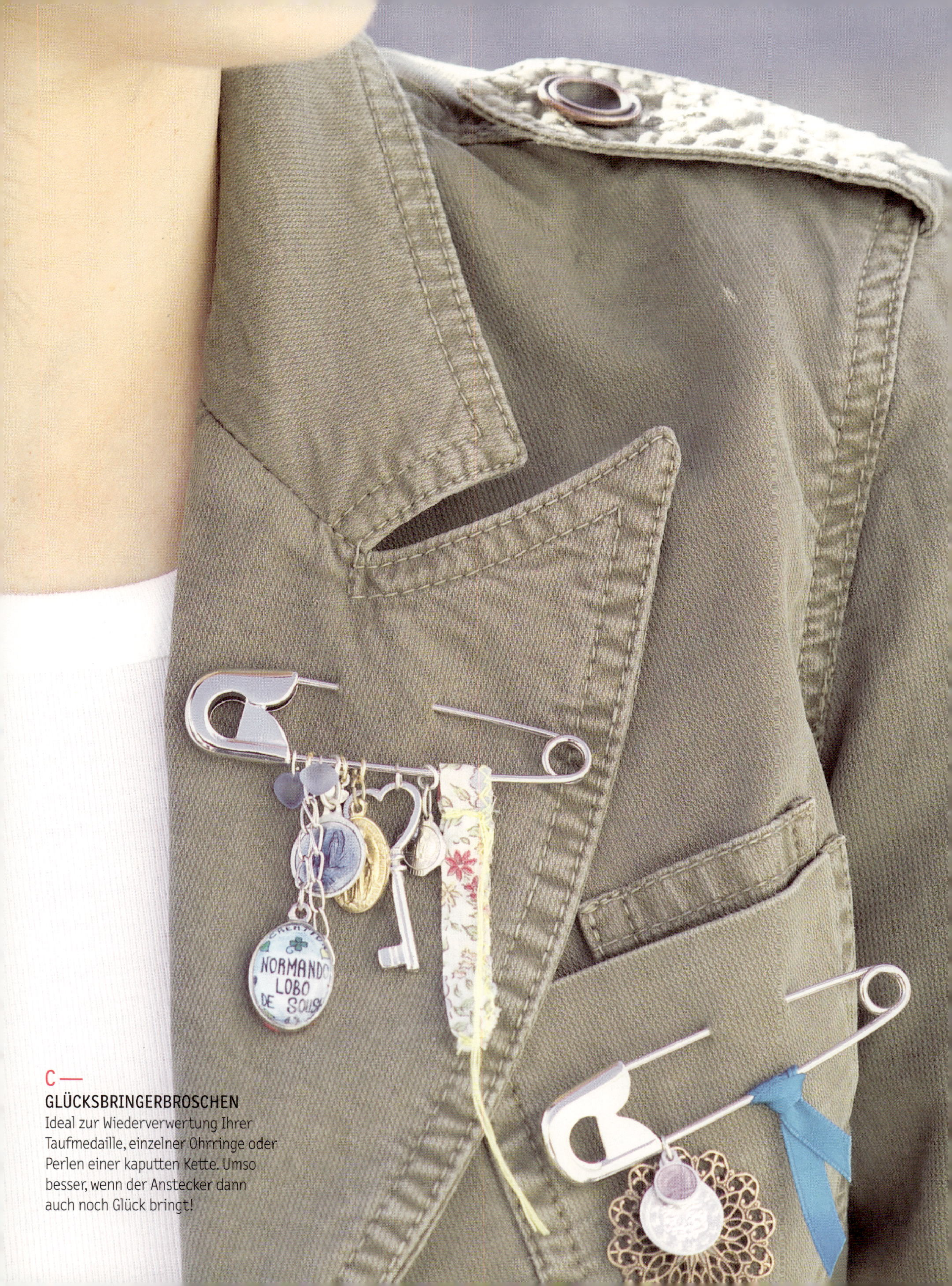

C —

GLÜCKSBRINGERBROSCHEN

Ideal zur Wiederverwertung Ihrer Taufmedaille, einzelner Ohrringe oder Perlen einer kaputten Kette. Umso besser, wenn der Anstecker dann auch noch Glück bringt!

07 JACKEN

A —

CHINESISCHE JACKEN MIT AUFSCHRIFT

- 2 JACKEN
- LIBERTY-STOFFREST
- NÄHMASCHINE

Schneiden Sie aus dem Stoffrest ein Rechteck von 25 x 10 cm Größe für die Kinderjacke und eins von 35 x 10 cm Größe für die Erwachsenenjacke aus. Lassen Sie in einer Textildruckerei die gewünschten Texte auf die Rechtecke drucken.
Nähen Sie die Aufschriften mit der Maschine auf die Rücken der Jacken auf. Steppen Sie dabei 5 mm vom Rand des Rechtecks entfernt, und fertigen Sie keinen Saum.

Größe der Schriftzüge: 26 und 23 Länge

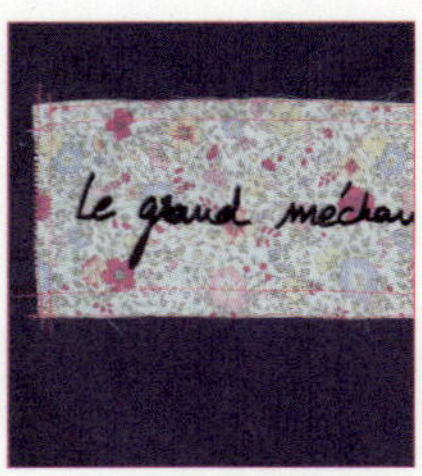

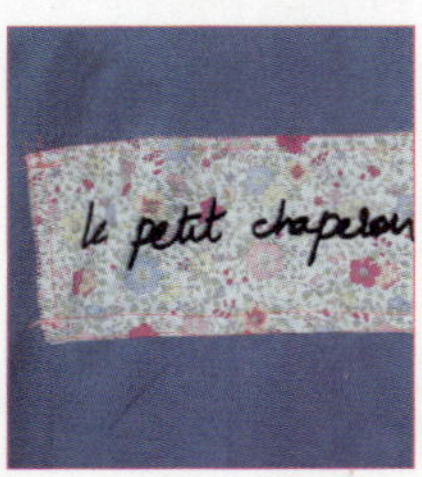

Le petit chaperon rouge

Le grand méchant loup

B—
BLUMENANSTECKER

- 2 STOFFTASCHENTÜCHER
- 1 SICHERHEITSNADEL
- NÄHMASCHINE

Schneiden Sie aus den Taschentüchern Kreise von 4, 6, 8, 10 und 12 cm Durchmesser aus. Legen Sie sie der Größe nach aufeinander, und stecken Sie sie in der Mitte zusammen. Nähen Sie mit der Maschine Linien quer über die Schichten, und raffen Sie den Stoff dabei leicht von Hand. Befestigen Sie auf der Rückseite der Blume eine Sicherheitsnadel.

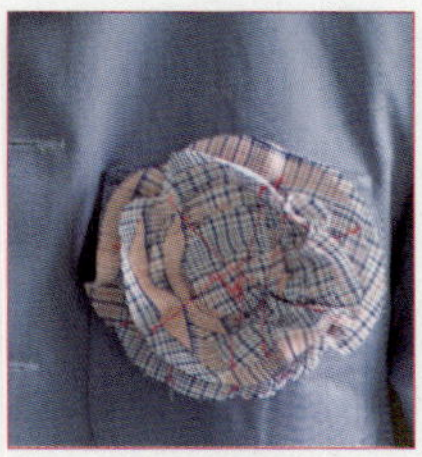

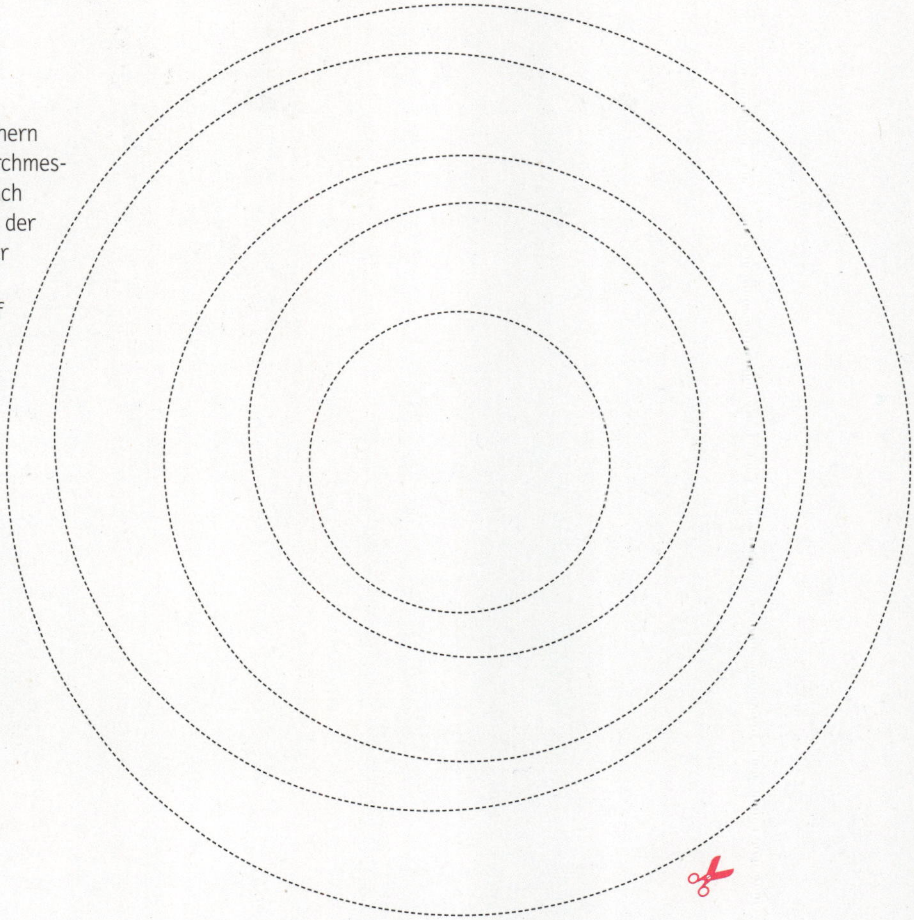

C—
GLÜCKSBRINGERBROSCHEN

- 1 GROSSE SICHERHEITSNADEL
- BEFESTIGUNGSRINGE
- SPITZZANGE
- PERSÖNLICHE ANHÄNGER (VON IHREM KINDERKLEID ABGESCHNITTENE SCHLEIFE, GEBURTSARMBAND, MEDAILLE...)
- NADEL UND FADEN

Schieben Sie die Ringe mit Ihren persönlichen Anhängern auf die fixierte Seite der Sicherheitsnadel. Nähen Sie die Schleifen an.

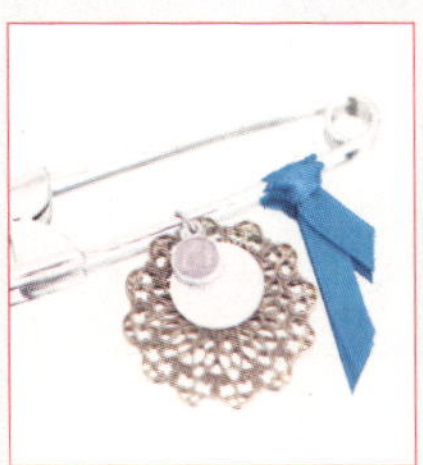

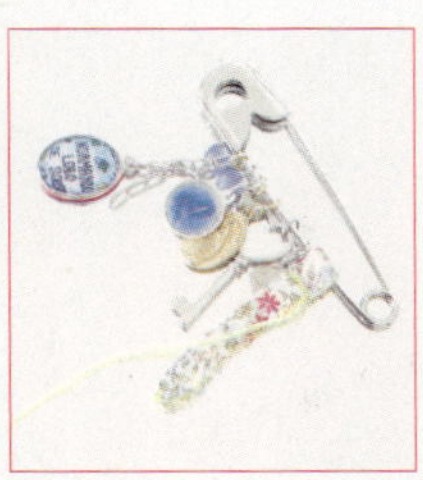

08 TASCHENTÜCHER

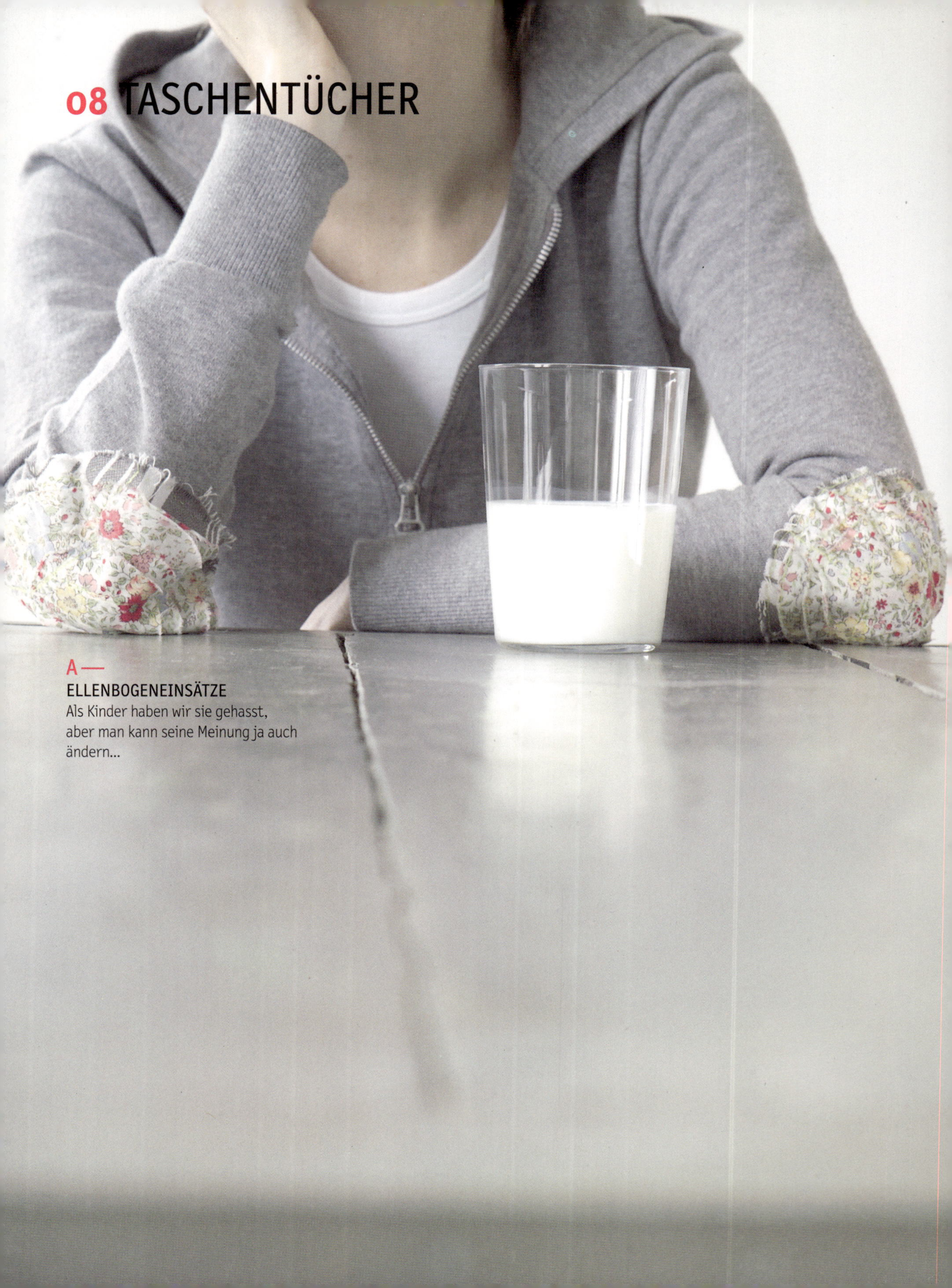

A —

ELLENBOGENEINSÄTZE

Als Kinder haben wir sie gehasst, aber man kann seine Meinung ja auch ändern...

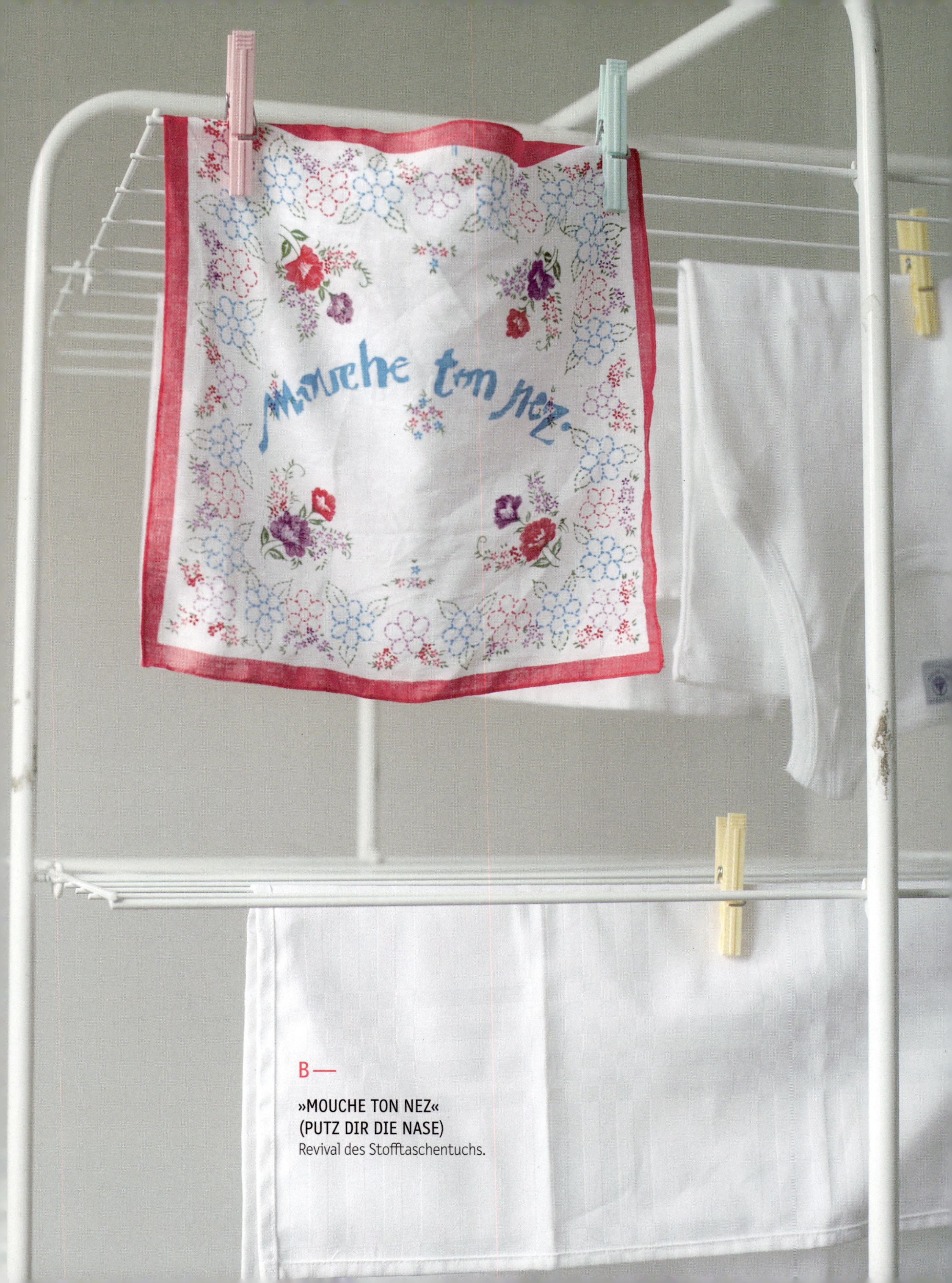

B —

»MOUCHE TON NEZ« (PUTZ DIR DIE NASE)
Revival des Stofftaschentuchs.

09 SCHUHE

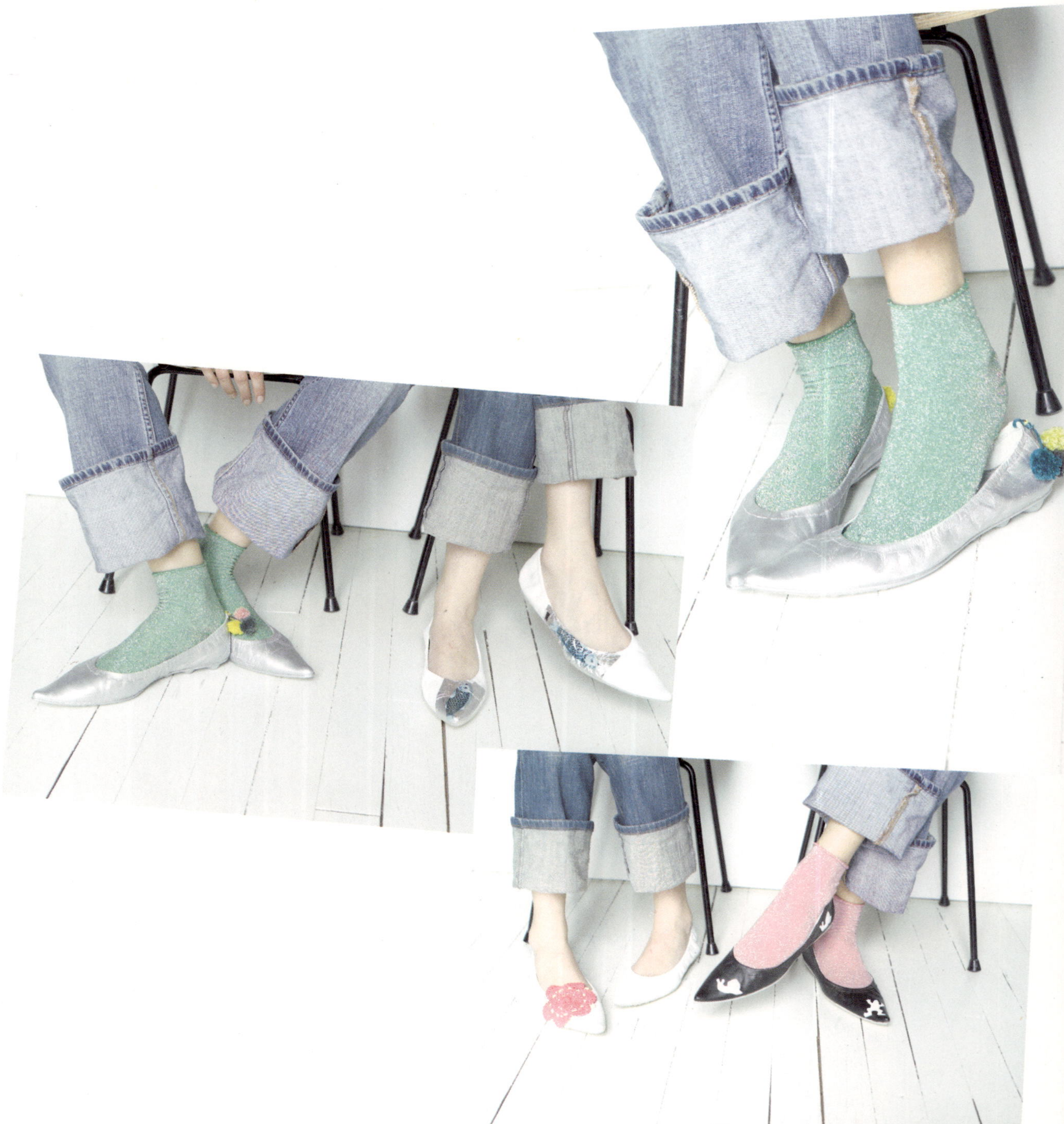

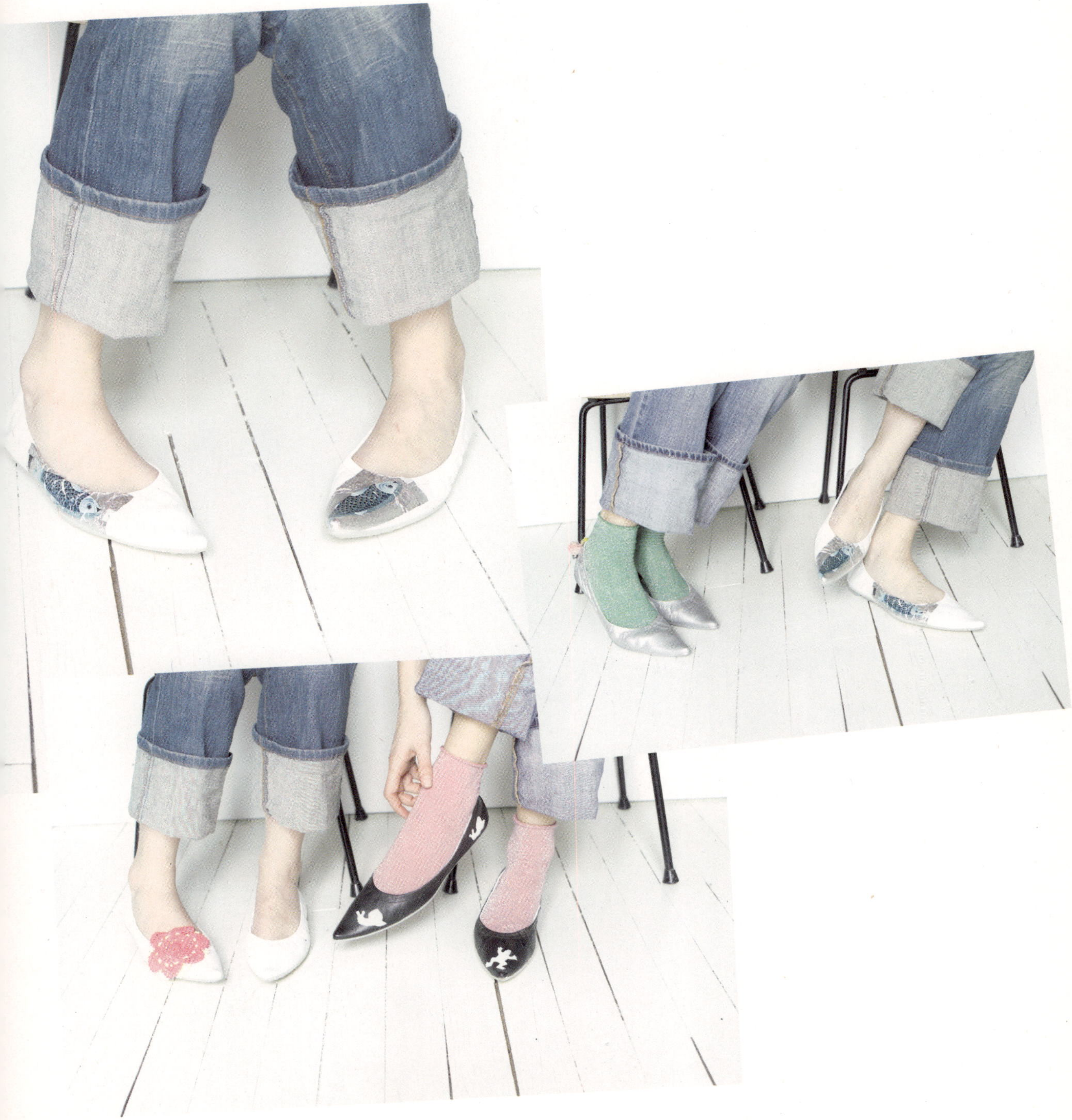

»MEINE GANZ PERSÖNLICHEN BALLERINAS«

Gestalten Sie Ballerinas aus weichem Leder mit Ihrer persönlichen Note, um sich von den anderen abzuheben...

08 TASCHENTUCH

A—
ELLENBOGENEINSÄTZE

- 2 GEBLÜMTE TASCHENTÜCHER
- NÄHMASCHINE
- ZIRKEL
- SCHERE

Schneiden Sie aus den Taschentüchern jeweils zwei Kreise von 4, 6, 8, 10 und 12 cm Durchmesser aus.
Legen Sie die Kreise der Größe nach aufeinander, und stecken Sie sie in der Mitte zusammen. Steppen Sie den Rändern der einzelnen Kreise entlang. Nähen Sie dann kreuzförmig über alle Kreise.
Stecken Sie das Ganze am Ellenbogen fest, und nähen Sie es von Hand an.
Falls der Stoff ein bisschen ausfranst, sagen Sie einfach, dies sei das Besondere an einer Arbeit mit ungesäumtem Rand...

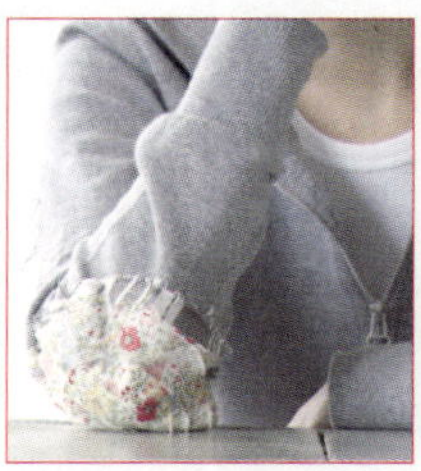

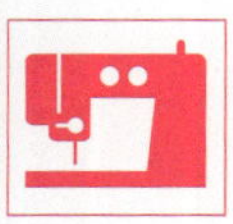

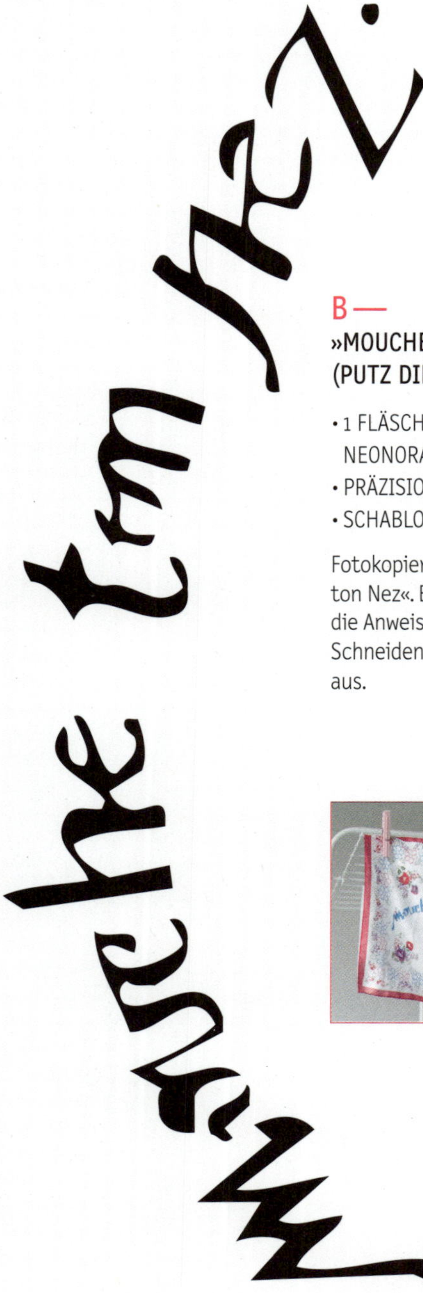

B—
»MOUCHE TON NEZ« (PUTZ DIR DIE NASE!)

- 1 FLÄSCHCHEN TEXTILFARBE (DYLON), NEONORANGE NR. 17
- PRÄZISIONSMESSER
- SCHABLONIERPINSEL

Fotokopieren Sie den Schriftzug »Mouche ton Nez«. Befolgen Sie zum Schablonieren die Anweisungen auf der Technikseite. Schneiden Sie das Motiv mit dem Cutter aus.

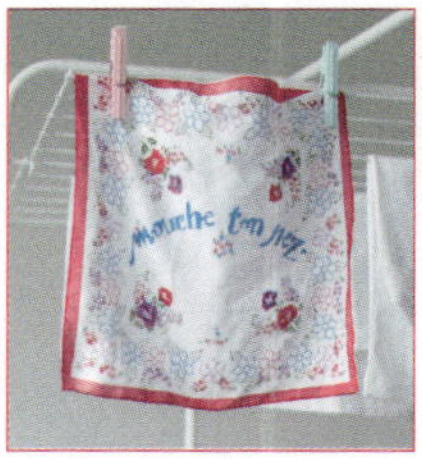

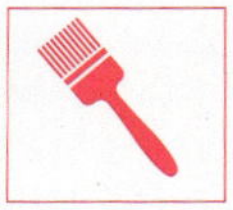

09 SCHUHE

A—
TIERAUFKLEBER

- SCHWARZE LEDERFARBE (DYLON)
- DIVERSE AUFKLEBER MIT TIERMOTIV (HIER VON ÉDITIONS LITO)

Reinigen Sie die Schuhe gründlich mit einem feuchten Schwamm, falls sie nicht neu sind. Schmirgeln Sie sie mit der rauen Seite des Schwamms aus der Dylon-Packung ab.
Platzieren Sie ein oder zwei Aufkleber auf jedem Schuh. Gestalten Sie dabei den rechten und den linken Schuh unterschiedlich. Schützen Sie die Schuhsole mit Klebekrepp. Tragen Sie zwei Schichten Farbe auf jeden Schuh auf, indem Sie leicht mit dem Schwamm tupfen. Ziehen Sie die Aufkleber vorsichtig ab, bevor die Farbe vollständig getrocknet ist.

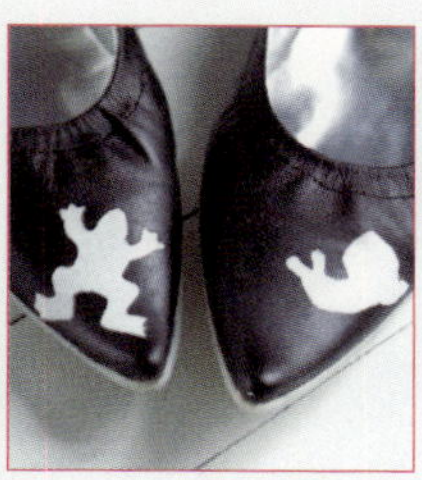

B—
SCHOKOLADENSARDINENPAPIER

- SCHOKOLADENSARDINEN
- 1 DOSE CAPAROL-BINDER (TRANSPARENTER ÜBERZUG)
- PINSEL

Legen Sie das Verpackungspapier auf beide Schuhe. Tragen Sie eine Schicht Caparol-Binder auf die Unterseite des Papiers auf.
Lassen Sie die Schuhe trocknen. Tragen Sie anschließend zwei oder drei Schichten Caparol-Binder auf die Oberseite des Sardinenpapiers auf. Essen Sie die Schokoladensardinen.

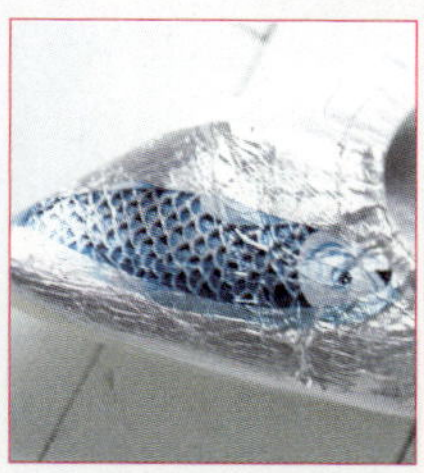

C—
POMPONS

- 1 DOSE SILBERFARBENE SCHUHCREME
- 6 VERSCHIEDENFARBIGE POMPONS MIT AUFHÄNGEBAND
- DICKE LEDERNADEL

Tragen Sie eine Schicht Silberfarbe auf den gesamten Schuh auf. Befestigen Sie drei Pompons mit einem Stich an der Rückseite jedes Schuhs. Falls Sie keine Pompons mit Band finden, ziehen Sie einen Wollfaden durch die einzelnen Pompons, bevor Sie sie an den Schuhen befestigen.

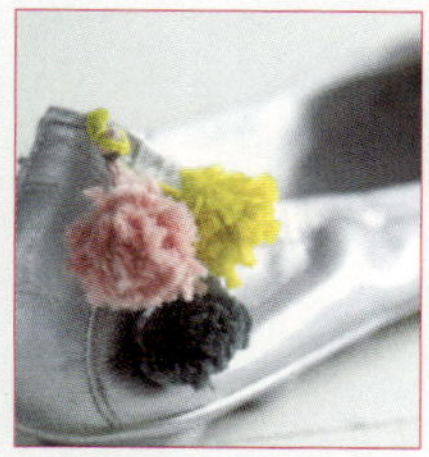

D—
HÄKELBLUME

- 2 HÄKELDECKCHEN, 10 CM DURCHMESSER
- 2 DOSEN NEONSPRÜHFARBE (1 GELB UND 1 PINK)
- LEDERNADEL

Sprühen Sie ein Deckchen in Neonpink und das andere in Neongelb ein. Lassen Sie die Deckchen trocknen. Nähen Sie sie mit einer dicken Ledernadel nach Belieben auf die Seite eines Schuhs.
Sie erzielen die beste Wirkung, wenn Sie nur einen Schuh verzieren.

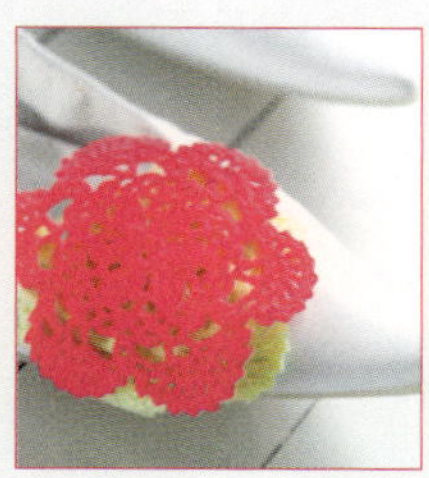

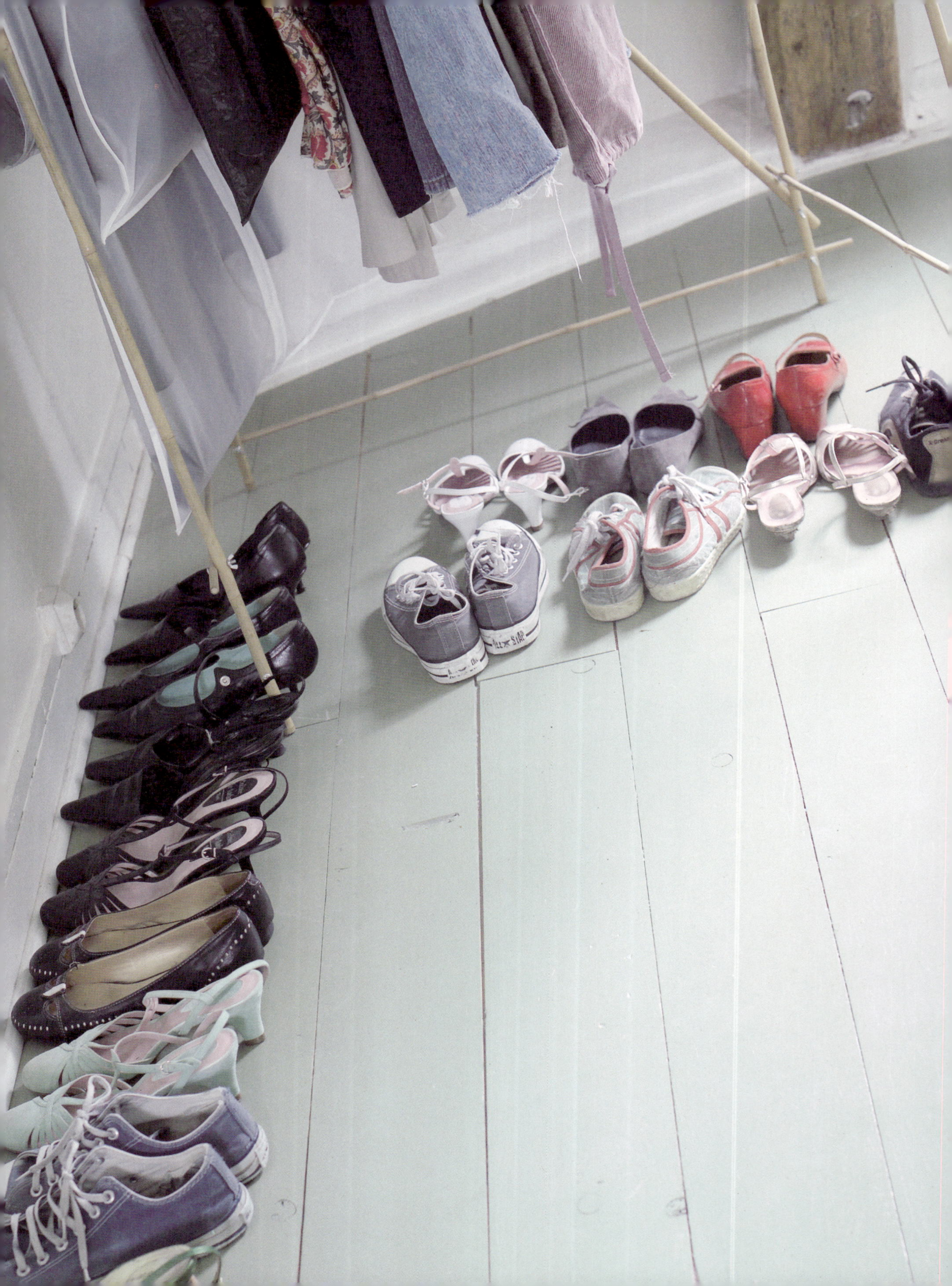

ADRESSEN UND BEZUGSMÖGLICHKEITEN

DEUTSCHLAND

Dylon: www.omegin.com
Für Textilfarbe, Lederfarbe, Transferprodukte (Image Maker)

www.namensbänder.de
www.dortex.de
Für Namensbänder in allen Farben

www.zugeknoepft.de
Knöpfe, Posamenten, Bänder

www.lotustransfers.de
Transferpapier, Flock- und Flexfolien

www.stahls.de
Transferpapiere, Bedruckstoffe

SCHWEIZ

www.mercerie.ch
Für Mercerieartikel

eswacolor
Textilfarbe, in vielen Farben in den meisten Drogerien erhältlich

www.aarlan-fabrikverkauf.ch
Bettbezüge und Kissenhüllen zu günstigen Preisen

Leinenweberei Bern: www.lwbern.ch
Bettbezüge, Tischwäsche

www.barre.ch
Besondere Stoffe

www.schneider-farbwaren.ch
Farben, Papiere und Künstlerartikel aller Art (auch von Caparol)

UND AUSSERDEM:

Éditions Lito: www.editionslito.com
Kinderaufkleber

La cerise sur le gâteau: www.lacerisesurlegateau.fr
Hier finden Sie alle Kreationen von Anne Hubert

DANK

Pauline Ricard-André für den Anstoß zu diesem Projekt, ihre ständige Ermutigung und Unterstützung.
Coco Amardeil für ihr Lachen und ihr unvergleichliches Auge.
Sandrine Place für die Jahre der Komplizenschaft, ihre unentbehrliche Meinung und ihr gutes Urteilsvermögen.
Ombline de Kersabiec für ihre Unterstützung – auch mitten in der Nacht –, ihre Ratschläge und guten Ideen.
Zoé Covaks für ihre Hilfe und ihre Treue.
Éloi und seiner Mutter Sophie, Gaëlle, Marianne und Guillaume für das Modellstehen für die Fotos.

Barbara Le Gasmeur von der »Mercerie le Comptoir« für das Erhalten einer kleinen Kurzwarenhandlung und für ihre Perlen, Medaillen, Garne, Wolle ... und ihre guten Ratschläge.
Jacqueline Carlier von »Dylon« für ihre Freundlichkeit und ihre Tipps und Tricks zum Färben.
Fred von »Transferatu« für seine Großzügigkeit und seine Geduld bei meinen ungewöhnlichen Projekten.
»Petit Bateau« für ihre Slips, »die nicht kneifen«, und ihre obligatorischen T-Shirts.
»Marché Saint-Pierre« für die zeitlose Haushaltswäsche, die sonst nirgends mehr zu finden ist.
Der Boutique »Hang Seng Heng« für einen chinesischen Markt mitten in Paris.
Dem Schuhgeschäft »André« für die freundliche Zusammenarbeit.

Die französische Originalausgabe erschien 2005 unter dem Titel **Customiser tout ce qu'il y a dans mon placard** von Anne Hubert bei Marabout (Hachette Livre), F-Paris

Aus dem Französischen übersetzt von Sylvia Scheibe, D-Lübeck
Satz der deutschen Ausgabe: Thomas Heider, D-Bergisch Gladbach
Grafikdesign und Zeichnungen: Anne Bullat-piscaglia [Voiture 14]

Bibliografische Information der Deutschen Nationalbibliothek
Die Deutsche Nationalbibliothek verzeichnet diese Publikation in der Deutschen Nationalbibliografie; detaillierte bibliografische Daten sind im Internet über http://dnb.d-nb.de abrufbar.
ISBN: 978-3-258-07203-6